ヨーロッパ近代教育の葛藤

地球社会の求める教育システムへ

関 啓子・太田美幸

［編］

東信堂

はしがき

関　啓子
太田美幸

本書の課題

　グローバル化の波が教育の世界を襲い、近代以降の国民教育制度が変容しつつある。国民教育制度の思想的・理論的基盤を構築し、教育の近代化を牽引したのは、ヨーロッパであるが、現代における教育革新の震源地もヨーロッパと国際機関である。

　制度化された近代教育は、産業構造や人々の教育意思の変化を受け、揺らぎ、立て直され、現代に至っている。近代教育の内に変革の芽が生まれ、もう一つの教育の可能性が仄見えると、それを飲み込み、教育のヘゲモニーの微調整と強化につなげる巧みな力が働く。こうした葛藤は、社会変動によって人々が制度的教育への向き合い方を見直し、独り立ちのさせ方と仕方を考え直さざるをえない転換期に起こってきた。

　近代教育システムは転換期を制度的刷新で乗り越え、不滅なのか。近代教育が西洋的近代を支える神話であったとするならば、制度的刷新を正当化するストーリーもまた、新たな神話として構築されつつあるのではないか。あるいは、近代教育の内からもう一つの教育が生まれるのか。各地の、人の育ちを助け促す文化の独特の歴史が、もう一つの教育の近代化を作り出すことはないのか。

　本書では、近代教育の思想的原点に遡り、近代教育の誕生から現代までを、近代教育がうちに孕んだ葛藤とその解消の歴史として読み解き、ヨーロッパ近代教育の葛藤の先を見すえる。

本書の構成

　本書は、大きく分けて3つのパートからなっている。第一のパートは、人づくりをめぐる西洋近現代のしなやかな強靭さの秘密に迫り、近代教育の先をみるための視座を準備する総論で、その後の2つのパートにおける議論の前提となっている。第二のパートでは、近代教育が孕むさまざまな葛藤を個別の事例にもとづいて検討し、どのように葛藤の解消が図られてきたか、あるいは図られているかを考察する。第三のパートでは、ヨーロッパ近代教育の葛藤の先を見すえるための議論が展開される。

　第一のパートは2章からなる。第1章では、近代国民国家における国民教育制度の理念的な出発点を確認し、近代教育に思想史上いかなる価値が刻印されてきたのかを問う。近代教育の形成過程で刻印された価値は、やがて人づくり（人材育成）の理念に読み替えられた。グローバル化のなかで進行する教育の国際基準化は、西洋近代の価値が国や地域を超えて文化的ヘゲモニーを確立していく過程にほかならないことが論じられる。

　第2章は、近代教育を機能分化した近現代社会における一つの機能システムとして提示し、そこに含まれる近代的統治の形を描き出す。教育システムは、その中核に位置する公教育制度を通じて、国家のために国民を有用化・規律化するという近代の政治プログラムを担ってきた。機能的分化の高度化とグローバル化の進展のなかで、そのシステムにいかなるリフレクションが求められているのかを指摘する。

　第二のパートは6章からなる。前半（第3章から6章まで）はヨーロッパを、後半（第7章と8章）は、ヨーロッパから強い影響を受けたアジアの国と、ヨーロッパ周辺諸国とを扱う。

　第3章では、近代教育の制度と運営をめぐる葛藤の火種でありつづけている問題として、公教育における宗教の位置づけを考察す

る。公教育から宗教を排除しない制度をつくりあげたオランダを事例に、公教育制度の確立期に教育と宗教の関係がどのように議論され、宗教の多元性を保障する論理がどのように立ち上げられたのかを追う。

第4章では、生涯教育の提唱と制度化の過程に、近代教育の孕む葛藤を読み取る。近代教育刷新の提案として登場した生涯教育論をいち早く具体化したスウェーデンを事例に、成人教育の制度化がいかなる帰結をもたらしたのかを問う。その検証の過程で、近代の内側で生まれていた「もう一つの教育」の意義が導き出される。

第5章では、近代が孕む権力性への批判にもとづき成立した実践として、環境教育が論じられる。英国で1970年代から80年代後半にかけて展開された都市環境教育運動を事例とし、この運動を通じて近代教育ならびに近代都市の閉鎖性を近代の内部から克服しようとしたコリン・ウォードの構想に焦点があてられる。

第6章では、ある社会像が崩れ新しい社会が立ちあらわれる転換期に、新たな制度のもとで葛藤する教師にフォーカスが当てられる。統一前後の東ドイツ地域でロシア語を教えた教師のライフヒストリーから、周辺化された教育実践のなかの生きられた教育思想が浮上する。

ヨーロッパ産の教育の近代化が非西洋圏に浸透すると、教育制度をめぐる諸問題はいっそう複雑な様相を呈する。第7章は、かつて英領植民地であった多民族国家マレーシアを対象として、この複雑さに構築主義アプローチで挑む。研究者が生み出す教育言説によって低所得インド系住民の「教育問題」が巧みに構築されてきたこと、それが西洋近代教育を自然視するまなざしを形成してきたことが暴かれる。

第8章は、教育の制度化を方向づけてきたアクターや方向付けの技術（権力テクノロジー）に注目する。先に言及した複雑さを読み解

くため、東西文化の十字路であるコーカサスを対象として、比較発達社会史の研究枠組みを提起する。

　第三のパートは2章からなる。第9章は、教育の国際基準化に対するヨーロッパの内側からの警鐘である。1999年のボローニャ宣言とそれに続く高等教育の再編過程を、各国の固有の課題が脱文脈化したモデルに置き換えられるプロセス、さらにそれが各国ごとに再文脈化されていくプロセスとして分析する。

　第10章は、ヨーロッパの外からの、今後の教育研究をめぐる課題提起である。ヨーロッパにおける「国民」概念が統治形式とともに変容してきたこと、それとともに相互の関係性もまた変容してきたことの捉え直しから出発し、21世紀の新たな「帝国」論においてマルチチュードと呼ばれる人々が織りなす相互関係に至るまで、ヒトとヒト、あるいはヒトとモノの間に形成されるあらゆる関係性に考察をめぐらせ、ヨーロッパが確立してきた認識枠組みとそのなかで立ち上げられた教育研究のパラダイムを根底から問うための方法を提起する。

本書の特徴

　本書は、近代教育をめぐる問題をすべて網羅しているわけではない。流動的である事象に対する実験的な取り組みという側面もあり、議論の余地を残した部分があることも否めない。

　しかし、本書の特徴は、もとより先に述べた課題設定にある。それに加えて、人間形成をめぐって制度内外で繰り広げられてきた思想と実践を、文化的・政治的・経済的な文脈と切り離すことなく、領域横断的に連続する相互作用のなかで捉える視点を確認し鍛えたことや、流動的な教育事象を解読するために、研究枠組みの工夫、分析装置の開発、研究方法の練磨に取り組んだことも、本書の特徴である。まだ詰めが甘く、不十分な考察ではあるが、ここで提起し

た課題、視点、方法や枠組みに共鳴する方々と共に研鑽をつんでいきたい。

　本書が、日本において新しい教育のあり方を問うきっかけになればと願っている。

　なお本書は、5年間に及ぶ一橋大学21世紀COEプログラム「ヨーロッパの革新的研究拠点：衝突と和解」（代表者：山内進）にもとづく研究の成果である。本プログラムを構成する研究班の一つ「近代ヨーロッパシステム」（研究班チーフ：青木人志）のなかに近代教育システム研究グループを作り、研究会やワークショップを積み重ねてきた。田中智志編『教育の共生体へ』（東信堂、2004年）を研究活動の出発点に据え、鈴木慎一早稲田大学名誉教授にコーディネーター役を引き受けていただいた。編集幹事的役割を三谷高史が担当してくれた。

ヨーロッパ近代教育の葛藤——地球社会の求める教育システムへ／目次

はしがき ……………………………………………関啓子・太田美幸… i

Ⅰ

第1章　近代教育：葛藤の小史 ………………………関　啓子… 5
　　　——祖国を追われたコメニュウスの悲運から
　　　　教育の国際基準化の波まで

　1　近代教育の歩み …………………………………………… 5
　2　国民教育制度 ……………………………………………… 7
　3　コメニュウスと近代教育 ………………………………… 11
　4　グローバリゼーションと教育の刷新 …………………… 14
　5　国際基準化：PISAと「高等教育の欧州圏」構想 ……… 16
　6　人の移動と教育問題 ……………………………………… 19

第2章　教育システムの機能 ……………………………田中智志… 23
　　　——規律化と有用化を超えて

　はじめに …………………………………………………………23
　1　成長と教育的働きかけ ……………………………………25
　2　選抜と達成性指向 …………………………………………30
　3　教育システムの機能 ………………………………………32
　おわりに …………………………………………………………35

Ⅱ

第3章　公教育と宗教 ……………………………………見原礼子… 41
　　　——オランダ：多元的であることの合意

　はじめに …………………………………………………………41
　1　学校闘争にいたるまで ……………………………………42
　2　宗教勢力による抵抗と学校闘争 …………………………45

3 近代教育制度の確立と変容 …………………………………50
おわりに ……………………………………………………………54

第4章　成人教育のゆくえ ………………………**太田美幸**…59
　　　　──スウェーデン：公共性をめぐる緊張関係
1 生涯教育論と近代教育の再編 ……………………………59
2 リカレント教育へのアプローチ …………………………61
3 揺らぐ民衆教育 ……………………………………………66
4 もう一つの教育システム …………………………………69

第5章　環境教育の挑戦 …………………………**三谷高史**…77
　　　　──英国：近代の産物を問う思想
はじめに ……………………………………………………………77
1 スケフィントンレポートとTCPA教育部会 …………78
2 ウォードによる都市計画制度批判──都市アナーキー…80
3 ウォードによる近代教育制度批判──脱学校論 ………83
おわりに ……………………………………………………………86

第6章　転換期の教師 ………………………………**木下江美**…93
　　　　──東ドイツ地域：周辺化された教育実践
1 転換期の教育をめぐって …………………………………93
2 ロシア語教師のライフヒストリー ………………………97
おわりに ……………………………………………………………103

第7章　構築される「教育問題」 ……………………**奥村育栄**…109
　　　　──マレーシア：多民族国家の隘路
1 構築されたものとしての「教育問題」 …………………109
2 学校教育の生成とその後の展開 …………………………110
3 学校教育にかける期待 ……………………………………111
4 何がいかに「問題」なのか──機能的な「問題」の定義 …113
5 何がいかに「問題」なのか──規範的な「問題」の定義 …114
6 主流化した知を脱自然化する ……………………………116

第8章　グローバル化のもとでの国民教育制度の構築 ……………関　啓子…121
　──コーカサス：国民教育づくりの実験場

1. コーカサスにおける国民教育制度の構築 ……………121
2. コーカサスの三カ国にみられる国民教育の制度化…125
3. 相違がなぜ生じるのか ……………………………130
4. 記憶と想像のバナキュラーな価値 …………………134
5. 近代教育の先を読む比較発達社会史の挑戦 …………136

Ⅲ

第9章　「知のヨーロッパ」という新しい神話 ……………ユルゲン・シュリーヴァー…143
　──ボローニャ・プロセスを考察する

1. システム移行とその分析にむけて …………………143
2. 「イメージされたモデル」の構築 ……………………147
3. 「会議−宣言−各国での立案のサイクル」……………154
4. 再文脈化としての教育政策の実施 …………………162

第10章　教育再生の道筋 ………………………………鈴木慎一…175
　──"一人称"の克服は可能か

1. 国民国家と「国民」──デッサン ……………………175
2. ヨーロッパの自己アイデンティティー ………………177
3. 「帝国」(Empire)の地平へ …………………………182
4. 教育再生の道筋──"一人称"の克服は可能か ……185

あとがき ……………………………………………………青木人志…195

事項索引 ……………………………………………………………197

人名索引 ……………………………………………………………201

ヨーロッパ近代教育の葛藤
―― 地球社会の求める教育システムへ

I

第1章　近代教育：葛藤の小史

――祖国を追われたコメニュウスの悲運
から教育の国際基準化の波まで　　　関　啓子

1　近代教育の歩み

　グローバル化のもとで、世界中が教育革新に取り組んでいる。震源地はEU拡大のドラマが渦巻くヨーロッパと国際機関である。西洋諸国はもとより、教育の近代化を促され続けてきた非西洋諸国も、教育革新の波にもまれている。

　国民教育制度を揺るがし、それの再構築さえ余儀なくする仕掛けは、教育の国際基準化である。国民教育制度の理念的な出発点を確認するために、ヨーロッパの教育思想に遡り、それらの思想のどの部分が着目され、どのような概念が教育の近代化にキー・ワードとして刻印され、いまに至ったか、また、思想のどの部分が軽視されたのかを、仮説的に考察した上で、その歴史の延長上に教育の国際基準化の現状と波及効果を素描する。

近代教育の思想基盤

　国民教育制度は、近代的国民国家を形成する過程の一部分としてつくられた。絶対主義的君主制にもとづく国家主権が国民主権の近代国家へ移行する時期に、国民教育制度は国民を形成するという歴史的機能を担って登場した。まさしく「国民教育制度の歴史は、国民国家の形成史」である（グリーン 2000: 174）。

ラミレスとボリは、教育システムの制度化の背後に「国民社会のヨーロッパ・モデル」を見ている。ラミレスとボリが析出した、「国民社会のヨーロッパ・モデル」を構成する5つの要素（「神話」）は、「個人」「国民」「進歩」「ライフサイクル」「国民国家」である（Ramirez/Boli 1987: 10）。

ラミレスとボリの指摘を参考にしつつ、近代教育を価値あるものとする意味づけを考察したい。ここでは、2つの要素をあげ、検討する。

第一に、家族・クラン・宗派などの「共同体的な単位」からの個人の自由である。原点を、ルソー（1712-1778）が強調した個人の自己保存と自立に見ることができる。ルソーは『エミール』において、エミールが家庭教師の指導のもとで、体験学習によって社会関係を理解し、自ら世界観を築き、労働技術能力も獲得して、社会的分業に従事できる能力を身に付け、したがって、負債感をいだくことのない市民となる発達過程を描いた[1]。

ルソーは既存の身分制社会の滅亡の彼方に生きざるをえないエミールの自立を構想しているから、エミールの世界観の構築は主体的で、自律的であり、既存社会の支配的価値観の矛盾を衝くことによって成し遂げられる。

まず近代教育に価値として刻印されたのは、ルソーの示す「個人」であった。だが、ルソーが個人の自立にこめた世界観の主体的で自律的な構築は、ルソーにとって転換期ゆえに必然的であったが、その後、この点にことさら注目するものは多くはなかった。ルソー思想のこの部分に着目したのは、同じく転換期の教育を構想したロシア革命期の教育思想家クループスカヤ（1869-1939）であった[2]。

第二に、「人間精神の進歩の無限性」である（鈴木 1959: 39）。コンドルセ（1743-1794）は、「人間の完成性（une perfectibilité）——それの・未知なる限界は、たとえ存在するにしても、われわれのうかがいえ

ぬかなたにある——を自然から受けている。また、新しい真理の認識は、人間にとって、かれに幸福と栄光との源泉である・あの・よろこばしい能力［完成性］を発展せしめる・ゆ一の手段である」とした（コンドルセ 1792=1970: 175-176, 鈴木 1959: 18）。

　コンドルセは、公教育の目的を、「知識の・絶えざる完成化」（鈴木 1959: 38）にもとめた。彼にあっては公教育の最終段階をなす科学教育を導く理念は、「人類の・無限の完成化」である。コンドルセは、「新しい真理の発見によって、はじめて人類は完成の途を歩みつづけることができる」（コンドルセ 1792=1970: 16）としたから、「教育の目的は、もはや既存の思想を神聖化することではあり得ず、むしろ反対に、それは既存の思想を、絶えず啓蒙の度を進めていく相次ぐ世代の自由な検証に委ねることである」（コンドルセ 1792=1970: 36）と論じた。コンドルセの「進歩」思想は恐ろしく根本的であった。

　コンドルセの主張した「知識」「科学」と「進歩」が、近代教育に価値として刻印されることになる。「人類の・無限の完成化」「進歩」を絶対視した彼は、「公教育の内部から、教育と研究との独立に敵対する・一切の勢力を排除し、公教育をこれらの勢力から切断すること」を目指し、教育と学問に携わる人たちによる自己完結的な教育体系を構想した（鈴木 1959: 19）。

　付言すれば、近代教育の展開は、キリスト教的思想基盤に支えられつつも、人づくりを差配する権力を教会から奪おうとする過程であった。その過程は、宗教派対世俗派との対立とは限らず、宗派間、宗教間の葛藤をも含み、各派が入り乱れて複雑な様相を呈した[3]。

2　国民教育制度

憧れの人間像

　国民教育制度がつくられ、教育の近代化が進展した。教育の近代

化を象徴するのは、教育の制度化、学校網の拡充による公教育の普及、就学率と識字率の向上などである。ラミレスとボリによれば、教育システムの起源は、西欧の文化・政体・経済の相関的な変容にもとめられる（田中 2004: 93、Ramirez/Boli 1987: 3）。田中は、教育の制度化を促した力の一つである交換経済の発展についてのラミレス＝ボリの見解を整理し、教育ある市民層を官僚制国家機関に専門職者として参入させる必要が生じ、人材養成という教育の社会的な価値が拡大したと指摘した（田中 2004: 94）。その結果、「学歴・資格が職業上・社会的な成功の主要な手段とみなされるようになり、メリトクラシーが確立した」（同上）。

こうして、憧れの人間像がつくられた。それは、学歴を積んだ自由な個人であり、知識を持ち、科学に通暁した成功者のイメージである。憧れの格好いい人間像は、制度化された教育によってつくられることになった。

序列化・差異化

教育の近代化には、平等と序列化をめぐる相反する仕組みが仕込まれていた。「『教育』は、もともとブルジョアジー、すなわち市民階級の男の子の中の健常者の自立の問題を、男の大人の立場から構想」され（中内 1994: 14）、そこには階級、ジェンダーなどによる区別＝差別がはじめから仕込まれていた。学校の設置も都市部中心という差別があった。制度化された教育は、差異化の仕組みであった。

しかし、教育の近代化の背後にあった宗教改革運動は、神の前の平等を唱えた。そこから引き出されたのが、「万人の教育をうける権利という考え方」である。教育によって差別されてきた人々は、この原理にもとづき、社会運動や活動を介して、徐々に教育機会を得るようになる。女性も、農民や労働者階級も、障害をもつ人も、都市以外に住む人も、学校教育を受けられるようなっていった。た

だし、その過程は平坦ではない長い道のりであった。いまだにこの過程は終わっていない。なぜなら、制度上の差別はなくなったとしても、メンタリティーに深く刻まれた差別意識はなかなか払拭されないからだ。

　宗教改革のなかから教育の目的像も抽出された。永遠に未完成という人間像である。教育の目的像は、「よい」人間ではなく、「よりよい」人間であり、「よりよく生きる」能力の獲得（中内 1994: 7）が重視された。

　この教育目標は方向目標であり、ゴールがないから、価値としての「個人」は教育を受けることによって、よりよさ競争に巻き込まれていくことになる。だんだんと多くの人々が教育による社会上昇を希望するようになり、憧れの格好いい人間像をめざして、よりよさ競争のしのぎを削るようになった。

　よりよさを計測する指標は、習得した「普遍的な」知識などである。その知識は学校によって正統化される（Apple 1982: 39）。よりよさ指標は、学校で生徒が身につける知識（普遍的とされる知識）とその知識の獲得と不可分の能力、つまり、学力に求められた。本書で田中は、「学力」について、「基本的に学校で教えられる教科に即して構成される知的能力」であり、「学校知を内面化することによって習得する社会的能力」と定義している。

　普遍化された知識の永続ではなく、知識の拡大や真理の発見を重視したコンドルセの「進歩」の根本性は、制度化された教育においは薄らいでいく。制度的な学校教育を貫くのは、バンクスによれば、伝統的な西洋中心主義的な知識を構成するパラダイム、概念、理論、つまり「伝統的学問的な知識」である（Banks 1996: 9-16）。「学校知」には西洋中心主義的な「伝統的学問的な知識」が強く反映されるが、それを相対化する「変革的学問的な知識」が直接反映されることはほとんどない（Banks 1996: 20）。

したがって、教育の近代化は、西洋的な思想的基盤のもとで、西洋産出の科学的知識を学習者に獲得させ、「知識」「科学」「進歩」が価値であることを発信し続けた。これらの価値は、学校によって正当化され、子どもの育ちにかかわる人々の心に、よりよい育ちを方向付けるベクトルとして刷り込まれた。そのため、こうした価値を象徴する「学力」が、子育てを行う家族はもとより教育関係者の心に徐々に深く浸透するようになる。

しかも、ヨーロッパの教育の近代化が表象する「進歩」は、ただの進歩ではなく、文化と歴史に裏付けられた、つまり「伝統的」とみなされる重厚な「進歩」なのである。このことは、「近代化は、西欧的伝統においてのみ存在する」とする考えが支配的であることによって裏付けられる（シュリーヴァー 2004: 73）。

統合化

学習者をよりよさ競争で序列化し、憧れの人間像を目指させるのが、国民教育の唯一の課題ではない。もう一つ大きな課題があった。それは、本稿の冒頭で言及したように、国民統合である。

教育は、「国民的アイデンティティと国民文化の卓越した作者であり、保護者であった」のである（グリーン 2000: 178）。国民教育制度は、国家に対して正統性を与え、「その存続の保障を与える市民から構成される国民を形成するための」国家装置であった（グリーン 2000: 180）。

グリーンは、ラミレスとボリのつぎの文章を引用し、国民教育制度が国民形成の道具になる過程を示している。「ヨーロッパ諸国は、統合された国家政策を作り上げる努力の一環として、大衆学校を認め、基金を拠出し、管理することを始めた」(Ramirez/Boli 1987: 10)。

ラミレスとマイヤーは、強権的な国家によって大衆教育が創り出され、拡大させられると指摘したが (Ramirez/Meyer 1980: 373)、その

過程を支えたのが先に言及した5つの神話である。

　国民を一つにまとめるために、国民教育制度初期には、「統合の原則は、実際上、国民は必然的に文化的言語的に単一であるということを意味していた」(同上)。制度化される教育には差異化の仕組みが仕込まれている。だから、いっそう統合化が必須の課題となる。

　国民国家の統合に不可欠の国民的アイデンティティと国民文化の形成が、教育の重要な任務とされた。

3　コメニュウスと近代教育[4]

国民教育学校の構想

　近代教育の礎石を据えたもう一人の思想家コメニュウスにも言及せずにはいられない。ヤン・アモス・コメンスキー (1592-1670、ラテン語呼称コメニュウス) は、「近代教育の支配的形態・組織 (公教育　学校教育　学年制　学級制) の創案者であり」(鈴木 1960: 91)、『大教授学』によって近代的な教授法を開発し、絵入教科書『世界図絵』を書き、また、ことばの教育 (言語教育) の重要性を明らかにした[5]。彼が近代教育学の祖と評価されるのは至極もっともなことだ。上述の教育の近代化は、コメニュウスの国民教育学校の理念と共鳴するのであろうか。

　コメニュウスは、国民国家を考えており、国家と民族を不可分の関係にあるとした。彼は、自らの民族のために、〈母国語〉で、すなわち、チェヒ語で、ついでラテン語で書物を出している。なるほど、コメニュウスにおける国民国家の形成と不可分の国民教育学校の構想は、上述の近代学校の教育理念と変わらないようにみえる。しかし、コメニュウスの学校構想には特徴があった。

　それは、近代学校にまとわりつく〈区別〉がほとんどないことだ。コメニュウスは、当時の限られた人を対象とした学校教育を批判し、既存の学校とは全く異なる原理にもとづく学校を構想した。彼は、

貧富の差別なく、男女の差別なく、能力の差別なく子ども・青少年を就学させ、感覚主義、事物主義、汎知主義の理念に立って、すべての人に、すべての事柄を学ばせようとした。しかも、やさしく・楽しく学ばせようと工夫を凝らした。生涯教育の構想が含まれていたことにも驚かされる。

「人類」の視点

　ここで注意すべきは、自らの民族の言葉で教育する国民学校教育を主張しつつも、コメニュウスの国民教育学校構想を貫いていたのは、他の民族の自立を含む「人類」の視点であったことだ。

　この視点は、彼の人生が教育研究にささげられた理由と響き合う。コメニュウスは、17世紀前半「30年戦争」の荒廃を経験し、宗教的に、民族的に差別され、長い亡命生活を余儀なくされた。その彼がたどり着いた結論は、祖国と教会[6]と人類とを再生させる道を、子ども・青少年の教育、国民学校教育に求めることであった（鈴木 1982: 上 79）。コメニュウスは「祖国」〔チェヒ（ボヘミア）王国とモラヴァ（モラヴィア）辺境領〕の運命に心痛するのみでなく、「〈人類を形づくる諸民族〉全体の運命を、憂えているのであり、祖国の国民的独立とともに、諸国民の併存的独立を、願っているのである」（鈴木 1982: 上 77）。

　コメニュウスは、30年戦争の恐ろしさを、すべての〈人間の原型〉を壊してしまったところにみる。「民族が民族に襲いかかり」、「諸国のすさまじい荒廃」が起こり、「平和」が失われ、人類は危機に直面した。なによりもあらゆる民族に「人類」の視点が生かされなくては、民族による民族の襲撃は終焉しない。

　だが、望みが残されている。なぜなら、まだすべての子ども・青少年のなかにのみ、〈人間の原型〉が生きているからだ。

　コメニュウスによれば、「人間は、人間になるべきであるとす

れば、人間として形成され (formari) なければならぬ」(コメニュウス 1961: 1-81)。「知識と徳行と神に帰依する心」の種子は自然が与えているが、「知識そのもの　徳性そのもの　神に帰依する心そのものまでを　自然が与えているわけではありません」(同上)。したがって、それらを子どもたちに獲得させなくてはならない。この獲得させる場が、学校であった。

　コメニュウスにあっては、〈生産力を進歩させる分業〉という秩序の認識に基づき、〈分業の法則〉を基礎に、演繹されたのが学校であった。学校は、〈人間生産〉の製作場なのである (鈴木 1982: 上 151-152)。だから、学校は、「真実の学問と、真実の徳性と、真実の・敬神の心の製作場となり、学校が、本当の・生きた・人間の製作場となり、教会と、国家と、家政との苗床になるのでなくてはならない」とされた (鈴木 1982: 上 113)。学識(知識)と徳性と敬神の心という教育内容に、「言語」能力と「技術」能力を加え、「円環的＝円完的人間形成」(ラテン語で「エンキュクロペェジア」、「職業につく前の・青少年の円環的人間教育という・ギリシャ人の教育理念を示す「エンキュクリオス・パイデイア」からきた」概念)(鈴木 1982: 下 19) が目指された。

　「祖国の民族の離散と、祖国の壊滅の原因は、自らの民族と他の民族とを蔽う『人類の破滅』にあったのであって」、「自らの『民族』の中にある『人類』を、滅亡から救済すること」が、なによりも意図された (鈴木 1982: 上 132)。

　コメニュウスの場合は、人類を諸民族から構成されるとする一方で、「祖国・民族・国民」の中に「人類」をも見ており (鈴木 1982: 上 131)、〈祖国〉の視点と、〈人類〉の視点が、引き離しがたく結びついている。祖国と人類との再生を託した〈子ども・青少年の教育〉とは、各民族の中での・国民的規模における人類教育以外のものでないことになる (鈴木 1982: 上 134)。このように、コメニュウスの〈国民学校教育〉は、「人類史的な役割」を担っていた (鈴木 1982: 下 15)。

コメニュウスは亡命、流浪を余儀なくされ、悲願の帰郷はならなかった。亡命中の身にあってもなお、教育研究者としてコメニュウスは、各地から招待され、滞在した都市の数は31にのぼる[7]。国民国家と近代教育がセットとなって確立されようとする時代を反映した生涯であった。しかし、教育を国家事業としようとするヨーロッパ諸国にみられたのは、コメニュウスの教育思想から「人類」視点を剥離させ、彼が徹底的に批判した差別を導入し、国民学校教育を制度化していく動向であった。これらは、憧れの人間像を構築した人々の教育意思の反映であった。

4　グローバリゼーションと教育の刷新

集合的国民的アイデンティティの弱まり

国民教育制度も、グローバル化のもとで、刷新を余儀なくされている。グローバリゼーションとは、伊豫谷によれば、「政治や経済あるいは文化的な諸活動が国境を越えて展開し、ナショナルな領域によって画されてきた制度や機構、慣習や規範、生活スタイルや娯楽などの諸様式を変化させ、近代において創り出された領域性を変型・解体してきている状況を捉える語として用いられる」という（伊豫谷 2001: 18）。

グローバリゼーションでどのように国民教育制度は変型を余儀なくされたか。グリーンは、ヨーロッパの経済発展計画の中に教育が位置付けられ、経済的競争力とのかかわりで教育が論じられるようになったと指摘する（グリーン 2000: 188）。何よりも人的資本、人材養成への関心が増大した。続いて、彼は国民形成の文化的過程が教育の本質部分ではなくなった点を鋭く指摘している（グリーン 2000: 188）。

グローバルな市場は個人主義かつ消費者市場主義的な価値観とアイデンティティを求めている。ひとの移動、優秀な人材の移動に、

国民的アイデンティティは不要だ。グリーンは、「集合的かつ共同体的アイデンティティと信条が徐々に消えつつある」(グリーン 2000: 240-241) と状況を整理し、国民性と市民性の文化を再構築する必要を指摘するとともに、民主主義の発展と社会的連帯の強化、市民的国民的アイデンティティの観念を鍛えることを主張した (グリーン 2000: 243)。

国境を越えた専門家たちの活躍

　グローバル化のもとで、非西洋圏あるいはヨーロッパ周辺地域もまた近代教育システムの刷新に揺れている。

　この刷新過程には特徴がある。国境を越えた専門家主導の教育政策づくりが進んでいるのだ。直接的、間接的に国外の専門家たちが人づくりに強い影響力を及ぼしている。ユネスコ、ユニセフ、世界銀行などの国際機関が、教育支援の名のもとに、専門家を派遣する。欧米先進国も同様に他国の教育支援に積極的である。国際 NGO の働きかけも目覚ましい。支援側のあついまなざしが向けられた先の一つが、旧ソ連圏である。

　ソ連邦から独立した諸国 (旧ソ連圏) は、すでに識字率が高く、学校網も完備している。つまり、それら諸国ではすでに教育の近代化がかなりの程度実現している。支援側がまず目指したのは、ソ連はがし、すなわち、教育の脱イデオロギー化であった。社会主義時代の教育が〈遅れていた〉と納得させるための装置が必要であった。そこで用いられた概念が教育の多様化や民主化などであるが、その根本に控えていたのは教育の近代化の意味づけの一つである自由な「個人」という価値であった。制度化された教育は、子どもや青年が自由に主体的に考え、問題を自主的に解決できるように助け促し、子ども中心的でなくてはならない、科目はもとよりコースや学校まで、多くの選択肢がなくてはならない。これらが、教育政策や制度

の刷新に手を貸す援助側の国際機関、INGOs、西洋諸国などの言い分である。

支援される側の不自由

　旧ソ連から独立した諸国は、国民国家建設に取り組み、自前の国民教育制度を構築しようとしてきた。そこで、母語の重視、歴史の見直しや民族文化の再評価を活かしたカリキュラム編成に努め、自前の教科書作りに誇らしげに取り組んできた。

　支援側は、支援方針を正当化するための調査を行い、支援内容の妥当性を根拠づける。旧ソ連圏諸国をはじめ支援される諸国・地域は、教育の支援者側に、支援の気持ちを維持してもらわなくてはならない。グリーンは、フラーとロビンソンの研究を引用し、第三世界の政府の置かれた立場を、国際資本家や国際銀行家たちに圧せられて、より多くの教室を建設し、……より多くの子どもたちを就学させなければならず、大衆教育制度の拡大路線を選択しない「異教徒」の国民国家は、国際的な新聞や外交に関するサークルで批判の的になると説明している（グリーン 2000: 189）。

　上記のように、ソ連邦から独立した諸国が、自らの文化や伝統を掲げ、独立国家として国民統合を図ると、場合によっては、支援側からナショナリズムと批判される。欧米諸国や国際機関から支援・協力を得るためには、常にそれらのまなざしに応え、望ましい姿を示し続けなくてはならない。

5　国際基準化：PISAと「高等教育の欧州圏」構想

PISA（OECDによる生徒の学習到達度調査）

　グローバル化の新段階ともいえる教育革新の波が、いま世界を襲っている。それが、教育の国際基準化である。国際基準化の第一

の仕掛け人は、OECDである。OECDによる生徒の学習到達度調査は、OECD加盟国ばかりでなく、世界を席巻する勢いである。教育の近代化が人々の心に刷り込んだ「学力」神話が大いに効いている。OECDは教育指標の開発によって、人材育成へのOECDの影響力を強めることに成功した。

2001年のOECD教育大臣会議でOECDの教育事業の5年間のテーマが決定された。それが、「万人のための能力（コンピテンシー）への投資」である。それ以降、コンピテンシー（competencies）という術語は世界各地の教育関係者（教育行政のリーダーなど）へのインタビューでよく聞かれるようになった。

PISAでは「各調査領域（数学、科学、読解の各領域および問題解決領域）におけるリテラシーを、学校カリキュラムに習熟しているかどうかではなく、社会に参加するうえで必要な知識や技能が身についているかどうかの観点から定義した」とされている[8]。

学力の国際基準化が、各国の教育政策を方向づけることに成功すれば、欧米に流入する移動者の能力の平準化につながりうる。学力基準をPISAに求め、それをできるだけ高得点にしようとする努力が世界各地で展開すれば、OECD的な人材養成が広域化し、EU内の労働力の質を安定化させるばかりでなく、EUに流入する労働力の安定化にも繋がりうる。

PISAに貫かれている学力基準に賛成しようがしまいが、学力論争が各地で起こり、「学力」が問題として競り上がれば、教育の近代化の延長上にある人材養成のOECD化戦略は、成功の第一歩を各地で踏み出したことになる。因みに、非OECD諸国のPISAへの参加は拡大している。

ヨーロッパ高等教育圏構想：ボローニャ・プロセス

ボローニャ・プロセスという術語もよく聞かれるようになった。

1999年、イタリアのボローニャで採択された「ボローニャ宣言」にもとづき、ヨーロッパにおいて高等教育改革のプロセスが発動した。ボローニャ・プロセスの課題は、ディプロマ・サプルメントによる成績評価や学習課程の互換性の担保、学士・修士・博士という3サイクルの学位制度の導入、学生・教員などの交流の促進、高等教育におけるヨーロッパ的視点の強化などである。その目指すところは、「高等教育の欧州圏」構想にほかならない。ボローニャ・プロセスについては、本書のシュリーヴァー論文が詳しく論じ、厳しく考察している。

　ボローニャ・プロセスによって欧州学生の移動性を高め、彼・彼女たちに学力と就職力をつけさせ、欧州の経済発展に貢献させる。さらに、「知のヨーロッパ」を実現し、ヨーロッパの高等教育が国際競争力を付け、優秀な人材を集め、磨き、輩出する。

　ヨーロッパ周辺国も、ボローニャ・プロセスには敏感に反応している。また、地理的にヨーロッパから遠くても、近代教育制度を介して育てられた各国のエリートたちは、「進歩」に憧れ、ヨーロッパに吸引されがちである。いま、ヨーロッパの魅力は、EU拡大のドラマによって増幅され、洗練された「進歩」＝ボローニャ・プロセスへの参加を、周辺諸国は表明している。就労や社会進出の機会を得るといった実利だけでなく、重厚な「進歩」に裏付けられた憧れのいわば〈EU〉のドアをノックするかのごとく、周辺諸国はヨーロッパ流の高等教育改革への参加に努めている。29カ国が宣誓したボローニャ宣言だが、2007年のロンドン会合では、46カ国が加盟した。

　ヨーロッパが各国・地域の各分野の指導層の養成を基準化し、エリート養成に繋がる高等教育を方向付けることに成功すれば、人材の流動化によって、ヨーロッパの人的資本はいっそう豊かになるだろう。

6　人の移動と教育問題

　国際基準化の方途はほかにもある。教育市場化である。教育サービス貿易のことだが、市場化の観点からだけでなく、世界の教育を方向づける国際基準化という視角から、この動向を丁寧に検討することが必要であろう。

　学校化した教育思想の持ち主たち、あるいは教育制度を介して社会進出や自己実現を狙う保護者と子どもたちは、国際基準化に対して敏感に積極的に反応し、近代化に刻印された「進歩」や「学力」を追求するだろう。

　国際基準化が進めば、文化資本や経済力で不利な立場にある人々は、学力差に悩まされる。移民の子どもたちは、高い学習意欲を持ちながら、PISA の得点を見れば、ネイティヴの子どもと比べ低い (OECD 2006=2007: 19)。「分析対象国の過半数において、移民の子どもの25％以上が、PISA 2003 年調査において基礎的な数学的なスキルに到達していない」と指摘され、「この子どもたちは、将来の職業的、個人的な生活において深刻な困難に直面するだろう」と憂慮されている (同上)。

　学力差は、就業機会にも反映する。重層化する格差は、治安問題を引き起こしかねない。学力と統合 (治安) は、移民受け入れ国の教育政策のキー・ワードである。たとえば、ドイツにおける学校の終日制化にも、学力と統合 (治安) の両方への目配りが感じられる。

　多民族社会における民族間あるいは文化間の葛藤を縮小することは、国民教育の課題であり、学力向上による統合化策が実施されている。OECD 報告書 (OECD 2006=2007: 21-22) によれば、言語支援プログラムは移民の子どもたちの学力向上に役立っている。もっとも一般的なアプローチとして、教授言語の体系的指導を伴うイマージョンが指摘されている。しかし、言語の対等感を育むバイリンガ

ル・プログラムはあまり実施されていない。

　国民統合のためには、エリートやエスニック・マジョリティに薄れている国民的アイデンティティを、エスニック・マイノリティや階層的に下位にある人たちの中に形成する必要があり、国民教育制度は、多民族社会であればあるほど、強化される。

　こうした傾向は、対抗的な教育思想が育まれないようにする努力の現れでもある。

　国際基準化の担い手たちは、文化的に、経済的に不利な立場にある人たちに基準化された学力を付けさせる教育的手立てに努めるが、彼・彼女らのローカルな知や価値、バナキュラーな価値を無視し、あるいは蹴散らす。なぜなら、それらは西洋の近代化からすれば、「遅れた」ものでしかないからだ。

　教育の国際基準化によって、ヨーロッパ産の教育の近代化が育んできた憧れの人間像が、いっそうグルーバル化し、誰にでもなれるというイメージを伴いつつ、一部の人しかなれないという過程の精緻化によって、いわば、いっそう洗練されようとしている。

　ヨーロッパ周辺国を調査すると、予想を超えた事態の複雑さに当惑する。国際基準化は自然に浸透しているのだ。「自然に」とは、人間の独り立ちをめぐる発達文化の変容をつくりだす技術が援用されることによって、教育の基準化が文化化過程におとしこまれているという意味である。この点については、コーカサスを主な研究対象に選び、本書第8章で論述する。

<註>

1　ルソーの教育思想についての研究は、鈴木秀勇氏の「転換期の教育学―― J.-J. ルソー『エミール』分析試論――（一）第1節」（『一橋論叢』第60巻第6号）に始まる一連の研究成果を参照した。鈴木氏の諸論稿は、『一橋論叢』と『一橋大学研究年報　社会学研究』に掲載されている。

2　関啓子　1994『クループスカヤの思想史的研究』新読書社を参照され

たい。
3 この点については、見原礼子「公教育における宗教の多様性と対話——オランダとベルギーのイスラーム教育をめぐる比較研究——」（博士論文：一橋大学）が詳しい。
4 この項の記述は、鈴木琇雄 1982『コメニュウス「大教授学」入門 上下』明示図書に基づいている。
5 松岡弘 2003「コメニュウスと山口喜一郎、そして言語教育の普遍性について」『一橋論叢』第129巻第3号が詳しい。
6 ここでの教会とは、モラヴァの福音派教会、とくに「兄弟一者教団」を指す。この教団は、ヤン・フスのローマ・カトリック教会に対するプロテストの伝統を受け継いでいた。
7 藤田輝夫編著 1992『コメニュウスの教育思想』法律文化社を参照。
8 PISA については、主に OECD 2006=2007『移民の子どもと学力』（齋藤里美監訳、木下江美、布川あゆみ訳、明石書店）によっている。

＜引用参考文献＞

グリーン，A. 2000『教育・グローバリゼーション・国民国家』太田直子訳、東京都立大学出版。
伊豫谷登士翁編 2001『経済のグローバリゼーションとジェンダー』明石書店。
コメニュウス（1657〔-58〕年出版／訳書1961年）『大教授学 1・2』鈴木秀勇訳、明治図書。
シュリーヴァー，J. 2004「民主主義・国民国家・教育」田中智志編『教育の共生体へ——ボディ・エデュケーショナルの思想圏』東信堂。
鈴木秀勇 1959「コンドルセと教育の独立」『一橋論叢』第41巻第5号。
鈴木秀勇 1960「コメニュウス教授学の方法——その社会史的規定のために——」『一橋大学研究年報 社会学研究』No.3。
鈴木琇雄 1982『コメニュウス「大教授学」入門 上下』明治図書。
関啓子 2002『多民族社会を生きる——転換期ロシアの人間形成』新読書社。
田中智志編 2004『教育の共生体へ——ボディ・エデュケーショナルの思想圏』東信堂。
中内敏夫 1994「教育的なものの概念について」『〈教育と社会〉研究』No.4、〈教育と社会〉研究会。
OECD 2006=2007『移民の子どもと学力』齋藤里美監訳、木下江美、布川

あゆみ訳、明石書店。
Apple, Michael W. 1982 *Education and Power*.
Banks, James A. 1996 *Multicultural Education, Transformative Knowledge, and Action: Historical and Contemporary Perspectives*.
Ramirez, F., Boli, J. 1987, The Political Construction of Mass Schooling: European Origins and Worldwide Institutionalization, *Sociology of Education* Vol.60 (January).
Ramirez, F., Meyer, J. W. 1980 Comparative Education: The Social Construction of the Modern World System, *Annual Review of Sociology*, Vol.6.

＜図書紹介＞

コメニュウス（鈴木秀勇訳）『大教授学 1・2』（明治図書、1961年）
　近代教育学の祖といわれるコメニュウスが書いた教授学の名著である。彼は母語で『教授学』を書き、それに修正と加筆を施し、ラテン語の『大教授学』を完成した。コメニュウスの流麗なラテン語のテキストが、洗練された瑞々しい日本語に置き換わっている。

鈴木琇雄『コメニュウス「大教授学」入門』（上・下、明治図書、1982年）
　コメニュウスはなぜ教育研究に生涯を投じたのか。コメニュウスの人生の問いを浮かび上がらせ、彼の教育学を貫く根本的な思想と独特の論理を解読する。読み始めると、鈴木氏の道案内によってコメニュウス・ワールドに魅せられ、引き込まれる。

田中智志編『教育の共生体へ――ボディ・エデュケーショナルの思想圏』
（東信堂、2004年）
　教育研究のパラダイム・シフトの準備に向けた、主に比較教育学研究者による実験的取り組みである。ミッター氏やシュリーヴァー氏といった世界比較教育学会を指導してきた研究者の論稿も含まれている。第三部「ボディ・エデュケーショナルの方へ」は、鈴木慎一氏による教育学研究をめぐる根本的な問題提起である。

第2章　教育システムの機能

――規律化と有用化を超えて　　　田中智志

はじめに

機能システムとしての教育システム

　教育実践には、多く人びとがかかわっている。2007年の調査によれば、専任の教員だけみても、日本の学校・大学（幼稚園・小学校・中学校・高校、専修学校・各種学校、短期大学・大学）には、143万人を超える教員が勤務している（文部科学省 2007）。

　教育学や社会学は、こうした学校・大学などにおける教育実践の全体を「教育システム」と呼んでいる。この言葉はいろいろに定義されるが、もっとも精密な定義は、社会学者のルーマンによる定義であろう。ルーマンは、教育システムを「機能システムの一つ」と位置づけ、その主要な営みは「自己参照と外部参照」を行いつつ、みずからが担う教育機能を遂行し、また教育学を形成して、「自己組織化」を行うことであると規定している（Luhmann 2002=2004: 2-6, cf. 田中／山名 2005）。

　ルーマンにとって、教育システムの機能は「個人個人を今後の人生の歩み（レーベンスラウフ）のために準備させること」である。「レーベンスラウフ」は、職業上の「キャリア」ではなく、人間としての「将来の行路」である。このような教育システムの機能は、二つに分けられる。

その一つは「人間のパーソン化」である。これは、とらえがたく予測しがたい複雑性・偶有性としての「人間」（メンシュ）が、特定の機能的コミュニケーションの参画者としての、形象化・形式化された行為主体としての「パーソン」になることである。いいかえるなら、社会人として必要なさまざまな能力を身につけ、社会システムに参加可能になることである。この人間のパーソン化が行われる具体的な場が、「相互行為システム」としての「授業」である（Luhmann 2002=2004: 35-46）。

　教育システムのもう一つの機能は「選抜」である。これは、パーソンとしての個々人の能力を測定し、その能力にふさわしい地位を個々人に配分することである。この場合の「地位」は社会的地位だけでなく、成績・順位・合否でもある。この選抜が行われる場が、評価の営みとしての「試験」である（Luhmann/Schorr 1988）。

　ここでは、こうしたルーマンの理論を参照しながらも、もうすこし一般的な言葉で教育システムを定義しよう。すなわち、教育システムとは、学力形成・人間形成・選抜という機能を遂行する教育的コミュニケーションのまとまりであり、それは、教育システムの外部からの要請と教育システムの内部からの要請に応えつつ、教育システム自体を再構成している、と。この場合、教育的コミュニケーションとは、教育者が子どもの知的・人間的な成長を意図して子どもに形成的・評価的に働きかけ、子どもがその教育者の働きかけになんらかの様態で応えることを意味している。

近現代性としての教育システム

　このような教育システムは、基本的に近現代的（モダン）な制度である。教育システムは、近代的統治の一環として具現化されたからである。ここでいう近代的統治とは、1750年代から1800年代にかけて西欧で考案されたもので、全国民の生活・生命の状態を掌握・

管理し、全国民を有用化・規律化するという政治的プログラムである。この政治的プログラムをおもに担ってきたのが、現在の教育システムの中核である公教育である。その成立は、アメリカ、ヨーロッパの場合、およそ1850年代から80年代にかけてであり、日本の場合、およそ1880年代から1900年にかけてである。

　もっとも、現在の教育システムは、たんに国家にとっての有用化・規律化を強調しているのではない。現在の教育システムは、1990年代から、人間が広く地球市民（コスモポリタン）として生きるための有用化・自律化を強調しはじめている。同じ時期に顕著になってきたグローバル化は、いくつかのマイナスの波及効果をともないながらも、この地球市民的な有用化・自律化を加速している。

　以下、国家的な有用化・規律化から地球市民的な有用化・自律化へのシフトを念頭におきながら、現在の教育システムが担っている主要な機能を確認し、その課題を論じてみたい。

1　成長と教育的働きかけ

子どもの知的成長・人間的成長

　まず、教育学者のデューイにならい、「成長」（growth）という、教育の基本的事実を確認しよう。子どもたちは、それぞれのペースで、それぞれの固有性を発現させながら、成長していく。学校の教育は、いろいろなバイアスをともないながらも、基本的にそうした子どもたちの成長を支援する働きかけである。この学校における子どもたちの成長経験は、大きく二つに分けられる。

　成長経験の一つは、教師の支援を受けながら、知識・技能を学び成長するという経験、つまり知的成長（知的発達）の経験である。それは、さまざまな教科の学習をつうじて、今までわからなかったことがわかるようになる、今までできなかったことができるようにな

る、という経験である。

　知的成長の主要な契機は知識である。知識は一般に言葉（記号をふくむ）で表現されている。言葉は、単独で存在しているのではなく、「意味世界」(Semantik)のなかに位置づけられている。言葉に一定の意味を与えているものは、数学、国語学、物理学のような意味世界である。したがって、知的に成長することは、たんに言葉を知ることではなく、意味世界の思考様式になじむことである。

　成長経験のもう一つは、人間的成長（道徳的・倫理的成長）の経験である。それは、たんに「正直」「誠実」「配慮」「節度」といった道徳規範を身につけることではなく、ときには、道徳規範を脇に置いてでも、よりよい状態を求めること、よりよい自分へと自分を高めていくことである。

　こうした人間的成長を支えている礎は、少なくとも二つ考えられる。一つは自己の一部を構成している、「モラリティ」（道徳性）と呼ぶほかないもので、よりよい状態を求めようとする前向きな意志、ハビトゥスである。これは、近代教育学が「神性」「理性」「人格」「善意志」と呼んできたものと大きく重なっている。

　モラリティの発動する契機は、自分の言動へのふりかえり（リフレクション）であるが、たんに自分で自分を漫然とふりかえるだけでは、人間的成長につながっていかない。自分の自己反省が人間的成長につながるためには、自分をふりかえる自分（反省する自己）がすでに道徳的・倫理的であり、崇高性を指向していなければならない。そうした指向性が、ここでいうモラリティである。

　人間的成長のもう一つの礎は、現象学のいう「関係性」(relatedness)である。すなわち、友人との絆、親との絆、教師との絆、場合によっては、神との絆である。人は、だれかによって心情的・情感的に支えられることで、ふりかえる自分（反省する自己）を彩るモラリティを高めることができるからである。いいかえるなら、信仰心をもっ

ているときのように、人は自分が尊敬するだれかによって自分のモラリティが後押しされるときに、道徳的・倫理的に強くなれるからである。

学校の学力形成・人間形成

　学校は、子どもたちの知的成長、人間的成長を支援するために、学力形成（知性形成）、人間形成（人格形成）という二つの働きかけを行ってきた。旧い言葉を使えば、「知育」「徳育」を行ってきた。

　一方の「学力形成」の「学力」は、いろいろと議論されている概念であるが、基本的に学校で教えられる教科に即して構成される知的能力である。つまりそれは、子どもが国語・算数・理科・社会などの「学校知」(school knowledge)を内面化することによって習得する社会的に有用な能力である。

　学力は、あたかも「もの」のように実体化されているが、実際は関数的であり推移的である。同じ子どもの学力であっても、その子どもの置かれた情況が変化すれば、その値は変化するからであり、また、受けるテストの内容が変われば、少なからずその値も変化するからである。

　他方の「人間形成」の「人間」は、生物学的なヒトではなく「個人性」(individuality)かつ「社会性」(sociability)をそなえたヒトである。いいかえるなら、自分で自分を合理的・倫理的に制御し、よりよい自己の実現、よりよい社会の実現をめざす「自律性」(autonomy)をそなえたヒトである。

　個人性と社会性の関係は、しばしば対立関係ととらえられているが、実際は相補関係である。個人性は、社会性によって基礎づけられ、社会性は個人性によって活性化するからである。いいかえるなら、私は、あなたにとっての私だからである。私は、私とあなたとの関係を前提にしているからである。教育学者のデューイの言葉を

借りていえば、いわゆる「個人主義」は、この個人性と社会性の相補性を看過し、「人は自分ひとりで生きている」と夢想することである (Dewey 1996, MW. 9: 49)。

教育のパラドクス

　こうした学力形成・人間形成の営みは、パラドクス（背理）をはらんでいる。たとえば、教育者は、子どもの自律性をきちんと形成しようとして、子どもを規則や制裁でしばり、逆に子どもを他律化してしまったりする。また、子どもの自発性を大事にしようとして、子どもをたえず競争させたり、勝手気ままにさせたりすることで、逆に子どもの自律性を弱めてしまったりもする。

　このように、教育者の意図と教育者の行為とあいだにパラドクスが生じる理由は、教育者が、子どもの成長という、本来、世界・他者・自己との相互活動 (transaction) のなかに位置づいている事象を、そうした相互活動から切り離し、対象化ないし物象化し、意図的に操作しようとすることにある。いいかえるなら、教育に固有なパラドクスの根源は、成長の企図化にある。

　教育者が子どもに求める自律性は、教育者によって意図的に形成されるものではない。それは、子ども一人ひとりの成長そのものによって形成されるものである。自律性の自己創出性を忘れて、教育者が自律性を子どもに伝達するべきもの、子どものなかに開発するべきものと考えるかぎり、けっしてうまくいかない。子どもにとって迷惑な教育方法が考案され続けるだろう。

規律化

　近代教育史のなかで、子どもの成長と大きくずれた教育的働きかけをあげるなら、それは、フーコーが「規律化」(「規律訓練」discipline) と呼んだ教育方法である (Foucault 1975=1977)。規律化とい

う教育方法は、ヨーロッパ、アメリカにおいては19世紀初期から20世紀末期にいたるまで、また、日本においては19世紀末期から近年にいたるまで、学校現場において広く用いられてきた。

　規律化の目的は、子どもの自律性を形成することであるが、実質的に規律化によって形成されるものは、学校空間に充満する学校規範にみずから従うという自発的な他律性である。規律化においては、子どもは、自分のモラリティで自分を制御するのではなく、学校空間が設える監視（サーヴェイランス）、競争（コンペティション）、制裁（サンクション）で自分を制御するからである。

　監視は、〈だれかに見られている〉という意識を作りだすことによって、子どもに自分の言動を制御させる方法である。たとえば、「朝の会」や「帰りの会」で、気づいたことを報告しあい、よりよい学級づくりを行うこと（相互監視）や、班活動において一人の逸脱行動の責任を全員がとること（連帯責任）である。子どもは、こうした監視の経験を重ねると、実際にだれかに見られていなくても、だれかの視線を気にし、自分で自分を制御するようになる。これは、監視される者が監視する者の視線を内面化し、その監視する者の眼を恐れて、自分で自分を制御することである。

　競争は、〈人に負けたくない〉という気持ちを作りだすことによって、子どもに自分の言動を制御させる方法である。たとえば、「この問題、わかる人は？」という教師の問いかけ、「お兄さんはよくできたのに……」という親の嘆息から、期末テストや入学試験、コンテストやスポーツ大会にいたるまで、学校には、多くの競争があふれている。競争に何の関心もない子どもや、競争に倫理的嫌悪感を抱いている子どもは、競争を強いられることに大きな心理的ストレスを感じるが、多くの子どもは、競争の場面を経験するうちに、しだいに競争による自己制御になじんでいく。

　制裁は、〈罰を受けたくない〉という気持ちを利用して、子ども

に自分の言動を制御させる方法である。たとえば、テストの結果をはり出したり、成績の順に席を決めたりすることである。この〈罰を受けたくない〉（もっといい子にならなければ）という経験を重ねると、実際に罰する人がいなくても、「普通」であろう、「規格」どおりであろうとし、自分で自分を制御するようになる。

2 選抜と達成性指向

評価の経験

　こうした規律化は、現代の学校で行われている学習評価（能力評価）と無縁ではない。第一に、現代の学校の評価は一般に制裁の意味を少なからずふくんでいるからである。評価する教師と評価される子どもの関係は、裁判所的な上意下達関係にあるからある。それは、評価する教師が上位者、評価される子どもが下位者で、両者のあいだに応答的・協同的な関係がない状態である。

　こうした裁判所的な上意下達関係のもとで、教師から否定的評価をくりかえし受ける子どもは、しだいに自己表現、自己活動を嫌がるようになり、自発的な学びから遠ざかってしまう。彼らにとって、教師による評価とは、自分の存在自体が否定される「恐ろしい宣告」だからである。

　しかし、評価の言葉は、工夫しだいで、規律化から離れ、子どもたちにとって「うれしい言葉」にもなる。評価の言葉が、自分のわからないところを教えてくれる言葉であり、またそれをわかるようにしてくれる言葉であるなら、評価の言葉は、子どもにとって「うれしい言葉」に変わる。つまり、評価は、やり方しだいで、「恐ろしい宣告」から「うれしい言葉」に変わるのである。

　1980年代以降、子どもを勇気づける（エンカレッジする）評価のやり方は「アセスメント型の評価」と呼ばれている。アセスメント型

の評価は二つの特徴をもっている。一つは、教育者を、子ども同士を競わせる第三者の立場におくのではなく、子ども一人ひとりの学びを支援する立場におくことである。もう一つは、子どもを受け身の立場ではなく、教育者の作成した評価規準を参照しながら、自分自身の思考・行動をトレースし自己評価する立場におくことである（田中／今井 2008）。

達成性指向

　こうしたアセスメント型の評価は、子どもの学びを支援するうえで、たしかに有効な方法であるが、アセスメント型の評価も、旧来のテスト型の評価と同じように、能力・成績・業績などの達成性（achievement［成果］）の多寡を問う行為であることに変わりない。達成性を問う評価は、〈できない状態よりもできる状態のほうがよい〉という、ごくふつうの価値判断に根ざしている。

　しかし、人の評価が達成性の評価に特化されることは、近現代的な事象である。こうした達成性への指向は、学校教育だけに見られるものでなく、近現代社会全体で見られる。これは、近現代社会が基本的に、血統・人種・民族・性別・家柄・身分などの当人の生得性（ascription［出自］）よりも、能力・成績・業績などの達成性を重視するメリトクラシー社会だからである。

　もちろん、実際に生きている子どもの力は、その子どもの達成性にひとしいものではない。テスト、試験によってはかられる成績・点数・順位は、一つの「表象」（representation［代理記号］）にとどまる。力の表象は、いわば、力という氷山の一角にすぎない。

達成性指向の生みだす負の効果

　近現代社会において、こうした達成性指向は、人のやる気を喚起したり、新しい才能を発掘したりと、プラスの効果を発揮してきた

が、同時に三つのマイナスの効果も生みだしている。

　それは、第一に、人間の固有性（かけがえのなさ）が見えにくくなることである。子どもだけでなく、現代社会を生きる人びとの多くは、成績・業績・学歴などを介在させて、他者とかかわっている。いいかえるなら、達成性をメディアとして人間関係を形成している。そのため、現代社会では、「人となり」「人の顔」が見えにくい。人の生得性は、他の人と交換できない固有性をふくんでいるが、人の達成性はすべて、他の人の達成性と、原則上、交換可能だからである。

　第二に、学びの歓びが覆い隠されることである。現代の日本社会・アメリカ社会のように、メリトクラシー、成果主義が広がっている社会においては、学校で子どもが学ぶ知識技能は、子どもたちにとっての意味・価値を離れ、子どもたち一人ひとりの学力に換算される。そして、その学力の多寡が、子どもにとっても親にとっても最大の関心事となっている。つまり、学びが、今ここを生きる本人から離れて、学校的成功、就業的成功、職業的成功の手段に還元されている（cf. 浜田 2005）。

　第三に、本当に必要な人生の自己評価が覆い隠されることである。人が生きるうえでもっとも重要な評価は、自分の人生を自分で評価し納得することである。「私の人生は本当にこれでいいのか」という問いに対する自分の答えである。自分の人生を評価できるのは自分だけである。しかし、達成性指向の強い社会においては、自分の人生の自己評価は脇におかれてしまうだろう。

3　教育システムの機能

機能的分化

　このように、近現代の教育・社会において達成性が強調されるのは、近現代の社会構造が基本的に機能的分化だからである。機能的

分化とは、機能 (function) によって人の役割・職務が細かく決定される状態である (Luhmann 1988)。機能とは、新しい商品、新しいデザイン、新しい発明発見など、なんらかの利潤便益を生みだす能力、なんらかの問題解決に役に立つ能力である。

　近現代社会が必要としている機能は、いくつかにカテゴリー化されている。おもなものは、政治的機能、経済的機能、司法的機能、学術的機能、教育的機能、医療的機能、宗教的機能などである。政治的機能の中心は集合的な意志決定であり、経済的機能の中心は財の配分であり、司法的機能の中心は紛争の処理である。そして学術的機能の中心は真理の探究であり、教育的機能の中心は、先ほど述べたように、人生の準備であり、医療的機能の中心は健康の回復であり、宗教的機能の中心は救済の信仰である。

　これらの機能は、その機能にふさわしいコミュニケーションのシステムを形成している。政治的機能は、国家連合・国家・地方自治体などからなる政治システムを形成し、経済的機能は企業・市場などからなる経済システムを形成している。司法的機能は裁判所・法律事務所などからなる法システムを形成している。そして、学術的機能は大学・研究施設・学術団体などからなる学術システムを形成し、教育的機能は大学・学校・家庭などからなる教育システムを形成し、医療的機能は病院・診療所などからなる医療システムを形成し、宗教的機能は伝統的な宗教団体のみならず、さまざまな宗教団体を形成している。近現代社会は、これらの機能システムの集合体である。

　こうした機能システムの機能は、二種類に分けられる。一つは、対他機能すなわち他の機能システムの問題解決の要請に応えることである。もう一つは、対自機能すなわち自分のシステムの問題解決の要請に応えることである。機能システムは、対他的に自分を再構築したり、対自的に自分を再構築するといういみで、自己創出シス

テム (autopoietic system) である (Luhmann 1988)。

教育システムの機能

　教育システムの主要な機能は、先に述べたように「(子どもに)人生の準備させること」であるが、この機能は、これまで示してきたように、学力形成、人間形成、選抜という三つの機能に分けられる。ごく大まかにいえば、学力形成・選抜は、おもに政治システム、経済システムからの要請に応える対他機能であり、人間形成は、もちろん政治システム、経済システム、家庭システムなどからの要請に応える対他機能であるが、基本的に教育システム自体からの要請に応える対自機能である。

　教育システムはまた、このようにプログラムを遂行するだけでなく、自分自身の営みをふりかえってもいる。そのリフレクションという営みは、教師や教育学者が、教育システムの機能不全(いわゆる「教育問題」)を言語化し、その解決をはかることである。このリフレクションを行うためには、自己参照だけでなく、他者参照が重要である。つまり、教育学の考え方・やり方を踏まえたリフレクションだけでなく、近接する科学の考え方・やり方を踏まえたリフレクションが大切である。相互活動の相手である子どもたちの考え方・やり方を踏まえたリフレクションも大切である。

寛容性と心のゆとり

　教育システムのリフレクションがとらえるべき問題は、社会全体の動勢であり、それが教育システムに及ぼす影響である。現代社会についていえば、その動勢は、実利に直結する機能が他の価値につながる機能を上まわる傾向にあることである。こうした実利的機能の優越という傾向は、ものごとをすべて金銭・名誉などの目的達成の手段に還元する有用化(手段化)の風潮を生みだしている。それは、

利益になるもの、役に立つものが価値あるものと見なされ、それによって人が価値づけられ、配置されたり、排除されたりすることである (Bauman 2004=2007)。

　こうした有用化の風潮は、学校現場にも大きな影響を与えている。その一つは、学校から「寛容性 (ゆるやかさ)」が奪われることである。たとえば、学校の価値が、有名校への進学実績、一流企業への就職実績、資格免許の取得実績などによって決定されるために、子どもたちが学校によってたえず競争へ駆りたてられることである。また、たとえば、いじめ・暴力事件が発生すると、1990年代のニューヨーク市に導入された「ゼロトレランス」政策をまねた、厳罰主義の教育、相互の監視体制が導入されることである。それらは、教育実践がかつての規律化へ回帰することを意味している。

　学校から寛容性が奪われ、教育が規律化することは、子どもたちから「心のゆとり」が奪われることにつながっていくだろう。それは、つねに競争に駆りたてられている子どもたちが、能力の多寡だけで評価されることで心理的ストレスをため込むことであり、そのストレスによって、一部の子どもが、他者の差異や他者からの批判に我慢できなくなり、嫌悪感や不快感をつのらせ、やがて暴発していくことである。また、競争に敗れ、将来の希望を喪った子どもが、自暴自棄になり、また反社会的になり、しだいにだれからも相手にされなくなり、やがてテロルに走ることである。

おわりに

　人間形成と学力形成・選抜とのずれは、これからますます大きくなるかもしれない。人間形成と学力形成・選抜とでは、それぞれの背景が大きく異なるからである。人間形成の背景は、おもにキリスト教に由来する宗教的信条であるが、学力形成・選抜の背景は、近

現代の機能的分化という社会構造である。キリスト教的な信条が求めるものは、無償の愛、完全性への指向のような倫理性であるが、機能的分化が求めるものは、問題解決という有用性だけでなく、無用な者は使い捨てるという有用性でもある。

冒頭でふれたように、現在の教育システムは、機能的分化の高進するなかで、またグローバル化が昂進するなかで、ますます有用性を強調してきている。その有用性は、もはやかつて求められていたような国家にとっての有用性ではない。個人・組織がグローバル化する世界を生き抜き、勝ち抜くための有用性である。またそれは、これまで形成されてきたような課題を黙々とこなす勤勉性や、権威に逆らわない従順性ではなく、柔軟な問題解決の思考力であり、大胆に更新刷新する創造力である。

このようなグローバルな有用性は、なるほど、地球市民として生きるための自律性に必要な能力であるが、グローバルな自律性に必要な能力は、グローバルな有用性だけではない。それはグローバルな協同性でもある。あらためて論じるべきであるが、端的に記すなら、グローバルな協同性は、差異を認めないローカルな共同性ではなく、差異の応答交歓を本態とするネットワーキング型の連帯性である。そこには、応答不能、応答放棄という倫理的決断を支援する関係がふくまれている。

1990年代に始まった、国家的な有用化・規律化からグローバルな有用化・自律化へというニーズのシフトは、現在の教育システムに根本的なリフレクションを要求している。

＜引用参考文献＞
田中智志 2005『人格形成概念の誕生――近代アメリカ教育概念史』東信堂。
田中智志／今井康雄編 2008『教育の理論』東京大学出版会。

田中智志／山名淳編 2005『教育人間論のルーマン』勁草書房。
浜田寿美男 2005『子どものリアリティ 学校のバーチャリティ』岩波書店。
文部科学省 2007『平成19年度学校基本調査』文部科学省 [http://www.mext.go.jp/b_menu/toukei/001/08010901/]
Bauman, Zygmunt 2004 *Wasted Lives: Modernity and its Outcast.* Cambridge: Polity Press. = 2007 中島道男訳『廃棄された生』大月書店。
Bourdieu, Pierre 1979 *La Distinction : Critique Sociale du Jugement.* Paris : Editions de Minuit. = 1989/90 石井洋二郎訳『ディスタンクシオン――社会的判断力批判』Ⅰ・Ⅱ新評論。
Dewey, John 1996 *The Collected Works of John Dewey, 1882-1953: The Electronic Edition*, edited by Larry A. Hickman. Charlottesville, Virginia: InteLex Corporation.
Foucault, Michel 1975 *Surveiller et punir: naissance de la prison.* Paris: Gallimard. = 1977 田村俶訳『監獄の誕生――監視と処罰』新潮社。
Gardner, Howard 1993 *Multiple Intelligences: The Theory in Practice.* New York: Basic Books. = 2003 黒上晴夫監訳『多元的知能の世界』日本文教出版。
Luhmann, Niklas 1988 *Soziale Systeme: Grundriß einer allgemeinen Theorie.* 3 Aufl. Frankfurt am Main: Suhrkamp Verlag.
Luhmann, Niklas 2002 *Das Erziehungssystem der Gesellschaft.* Frankfurt am Main: Suhrkamp Verlag.= 2004 村上淳一訳『社会の教育システム』東京大学出版会。
Luhmann, Niklas und Schorr, Karl Eberhard. 1988 *Reflexionsprobleme der Erziehungssystem.* 2 Aufl. Frankfurt am Main: Suhrkamp Vcrlag.
Polanyi, Michael 1966 *The Tacit Dimension.* Gloucester, MA: Peter Smith Pub.= 2003 髙橋勇夫翻訳『暗黙知の次元』(文庫) 筑摩書房。

<図書紹介>

ジークムント・バウマン（中島道男訳）『廃棄された生』(大月書店、2007年)
著者のバウマンはポーランド生まれの社会学者である。「役に立たなくなった人間は……近代化の不可避的な結果であり、近現代の分離不能な付属物である」と述べられているように、著者によれば、近現代社会の重大な構造的作用は、「役に立たない人間」という概念の創出である。

ミシェル・フーコー（田村俶訳）『監獄の誕生――監視と処罰』(新潮社、1977年)

著者のフーコーはフランスの哲学者である。本書は、18世紀の西欧社会において「規律化」(規律訓練)と呼ばれる民衆統制の方法が考案されたことを示している。規律化は、近代国家で活用された主要な統治技法であり、いわば、人が自分で自分を権力の構成要素に位置づけるように働きかけられることである。

ニクラス・ルーマン（村上淳一訳）『社会の教育システム』(東京大学出版会、2004年)

著者のルーマンはドイツの社会学者である。本書は、自己創出（autopoietic）システム論による教育論である。ルーマンは、「人間形成」（「人格形成」）を高らかに謳う理想主義的な近代教育学は、授業実践のような子どもと教師の相互活動を語ることはできない、という。

II

第3章　公教育と宗教

——オランダ：
　多元的であることの合意　　　　　見原礼子

はじめに

　西欧社会の近代公教育の歴史を振り返るとき、その基礎条件となる教育主権の世俗化、すなわち教育の主権が教会から世俗国家へと移行するにあたっての思想基盤が明確に打ち出された最も重大な出来事にフランス革命が位置づけられることは周知のとおりである。フランス革命期に発展した公教育論は、その後いくつかの紆余曲折を経た後、1882年の初等義務教育法において、フランス公教育の非宗教性（ライシテ）原則として確立した。

　フランス革命の時代に構想された公教育論は他のヨーロッパ諸国にも多大な影響を与えたが、それは本稿で扱うオランダにおいても例外ではない。かつて1795年から1806年までのオランダには、フランスの衛星国であるバタヴィア共和国が存在していた。フランス革命の影響を色濃く受けて成立したバタヴィア共和国において、この地域で初めての公教育関連法は制定され、オランダの公教育制度の原型はこの法律を基盤として整備された。

　それにもかかわらず、19世紀後半にオランダの公教育制度が確立したとき、フランスのそれとは対照的な構造を有するシステムが形成された。その背景には、19世紀半ばから展開された学校闘争（School Strijd）と呼ばれる運動が大きくかかわっている。

この学校闘争とはいかなる性格のものであったのか。本稿では、この運動が起こるきっかけとその経緯を、運動の主体であるキリスト教勢力の動きに着目しつつ概観する。それによって、公教育における宗教の位置づけをめぐる問いに対する何らかの示唆を得ることを目的とする。

1　学校闘争にいたるまで

バタヴィア共和国における学校法の成立

　フランス革命が勃発したとき、オランダはネーデルラント連邦共和国のもとにあった。そこでは、オラニエ公やその家系との密接な関係のもとで、オランダ改革派教会が支配的な宗派となっていた。改革派が管轄する民衆の学校では、カルヴァン主義に基づくカテキズム（キリスト教の信仰を伝授する教理問答書）中心の教育が行われていた。こうしたなか、カトリック教徒やユダヤ教徒は長きにわたって「二級市民」として扱われ、制度的・社会的な差別を被っていた。

　フランス革命軍は、オラニエ公と国教的なオランダ改革派教会に抗議する愛国者グループを支援してオランダ国内に侵攻し、1795年にバタヴィア共和国を建設した。ネーデルラント連邦共和国は消滅し、当時の総督であったオラニエ公ウィレム5世はイギリスへ亡命した。1798年にはフランス革命思想の影響を受けたバタヴィア人民憲法が制定され、その3年後の1801年に制定されたのが、公教育に関する初の法である学校法であった。フランス革命期の教育論の影響を色濃く受けて生まれたこの法律は、国家による教育の管轄、国家が任命した教育監査員による教育施設や内容の整備といった国民教育制度の原型を備えていた。

　この1801年法、及び1806年の改定法――これが実質的に後述する1857年までの教育基本法として位置づけられる――において、

宗教は具体的にどのように扱われていたのだろうか。まず重要なのは、これまで教育分野においてオランダ改革派教会が有していた宗教教育の教授や教育の監視といった権限が取り払われたという点である。さらに1806年法では、現在のオランダにおける学校区分となった「公立学校」と「私立学校」という二種類の学校が設けられた (Scholten 1928: 35)。公立学校は国家によって設置・運営される学校のことであり、教育内容の監視のほか、教員の宗教的背景を国家が監査することも定められていた。また、公立学校は特定の宗派をもたない学校として機能した。それはすなわち、宗派にかかわらず、すべての生徒を受け入れるという学校環境が設けられることを意味した。

　一方、公的な財源を得ない「特別」[1]な学校という意味合いから名づけられた「私立学校」のカテゴリーには、さらに二種類の学校形態が設けられていた。一つは、孤児院や教会付属の慈善奉仕団体などが運営する学校で、もう一つは私的団体によって運営される学校のことであった。後者の学校は、具体的には宗教組織によって実施される学校教育のことを指しており、その学校の運営費は通学する生徒の保護者が支払うこととされた (Koelman 1987: 15)。こうした法的措置からは、公立学校設立の推進と私立〔宗派〕学校の運営を制限していくという、国家による教育の非宗教化の方向性が示されていることがわかる。

　ただしこのことは、新たに設置された公立学校において、宗教性それ自体が完全に取り除かれていたことを意味しない。実際に1806年の改定法の第22条には、教育の目的として「キリスト教的かつ社会的美徳」の醸成が謳われていた (Boekholt 2002: 7)。宗教のもつ道徳的な側面は依然として重視されていたのである。加えて、カルヴァン派の優勢な地域においては、オランダ改革派教会と公立学校の間に密接な関係が結ばれていることも多かった。例えば、公

立学校における教育監査員の構成メンバーの大多数が教会の牧師であったりしたという (Idenburg 1960: 81)。

自由主義勢力の勃興

　フランス軍の撤退後、かつての連邦共和国総督の子孫がイギリスから帰還してウィレム1世となり、1815年にはネーデルラント連合王国憲法を公布した。ここに、現在のベルギー地方を含むネーデルラント連合王国が成立した。

　この新政権下において、1806年の教育法は実質的に引き継がれることとなった。公立学校におけるキリスト教教義の教育に関して言うと、例えば1821年に北ホラント地方政府が公布した条令においては、少なくとも一週間に2回、半時間の聖書の精読が義務づけられてはいたものの、その教育を学校時間内に実施することは禁じられていた (Langedijk 1935: 22-23)。他方、私立〔宗派〕学校の設立に対しては、カトリックのみならず、カルヴァン主義者に対しても厳しい対応が取られ、設立の自由はほとんど確保されていなかった。

　こうした中、オランダでは1848年に自由主義勢力の影響を色濃く受けた憲法が制定され、1850年代から1870年代までは、自由主義勢力の全盛時代が続くことになる。政教分離政策は自由主義勢力にとって最も緊要な課題の一つであった。実際、全盛時代に実施された非宗教化政策は、ヴァチカンとの外交断絶のほか、既存の政教和約の破棄や教会機能の削減、家族関係に対する教会介入の排除などあらゆる領域にわたっていた。教育はそのなかでも最も重視された分野の一つであった。1857年の初等教育法では、宗教教育を完全に学校のカリキュラムから外すなど、さらなる非宗教化政策を推進した。自由主義勢力によるこうした動きに対して反発する勢力が登場したことで、オランダの学校闘争はいよいよ本格的な始まりを迎えることとなる。

2 宗教勢力による抵抗と学校闘争

アブラハム・カイペルと反革命党（ARP）

　反対勢力の鍵となる最初の人物は、歴史家かつ政治家として活躍した、ギヨーム・フルーン・ファン・プリンステレル (Guillaume Groen van Prinsterer) である。彼は、啓蒙主義からフランス革命にかけての歴史に信仰不在の性格を見て取り、その「神なき思想」による革命に対して異議を唱えた（吉田 2000: 14）。そのうえで、オラニエ公を長としたカルヴァン派の国家としてオランダを位置づけ、カルヴァン思想に基づくオランダの国民意識を高めようとした。この立場から、彼は1848年憲法と1857年の初等教育法を強く批判した。

　フルーンは、自由主義勢力によって「侵されてしまった」公立学校ではなく、むしろ当時いくつか設立されていたカルヴァン主義に基づく私立〔宗派〕学校の運営に対する、国家による財政援助という方策に希望を託した。ちょうど同時期、1842年以降に設立されていたいくつかの私立〔宗派〕学校の運営者らがネットワークを形成し始めていた[2]。フルーンは、そのネットワークのうち、1860年に設立されたキリスト教国民学校教育連合の初代会長に就任し、関係者と共に新たな私立〔宗派〕学校の拡大や財政援助を求めていくのである (Wouters, Visser, et al 1927: 290-306)。

　フルーンの主張を引き継いだのが、アブラハム・カイペル (Abraham Kuyper) である。元々神学者であった彼は、包括的な生活原理としてのカルヴィニズムを示すという目的のもとに、社会、教育、政治、ジャーナリズムなど様々な場面において多岐にわたる活動を展開した。

　カイペルもまた、フランス革命に対して批判的な立場を貫いた。彼にとって、フランス革命は「神もなく主人もなく (ni Dieu ni maître)」という思想を正当化する思考様式のもとでカトリック教会

に対する挑戦を突きつけたのみならず、社会や教育から神を奪い去った。

　ただし、彼のフランス革命に対する批判は、ブルボン朝の圧政に対する打倒そのものに向けられたわけではなかった。つまり、圧政を破壊するための手段として、「神が」革命をもたらしたという考えかたには賛同するのである (Kuyper 1931: 10)。フランス革命の社会的貢献や解放的思想に対しては肯定しつつ、その背後にある無神論的な思想に対して「反」の態度を取る。カイペルが確立した「反革命」の思想にはこうした意図が込められていた。ヘスラムの言葉を借りるならば、カイペルの目的は「カルヴィニズム的世界観が、現代的な諸問題に、それが社会、政治、文化のいずれの領域の諸問題であっても対処できる」(ヘスラム 2002: 102) という道筋をしっかりと示すことに向けられていた。

　カイペルのこうした視座に立つと、教育への関与の重要性は自明であった。自由主義者によって着々と進められつつある教育改革に対抗し、私立〔宗派〕学校の拡充とそれに対する国の助成を求めて、カイペルの周辺では1860年代末頃から積極的な活動が展開されていた。とりわけ彼のイニシアティブによって1872年に日刊紙『デ・スタンダールト』が創刊されたことは、多くの民衆を学校闘争に引き込むことになったという点で、きわめて重要な機能を果たした。翌々年の1874年に行われた下院議員選挙で勝利を収めたカイペルは、兼任を禁じられていた牧師を辞職して国会議員として選出され、いよいよ政治家としての道を歩むことになるのである。

　それから間もなくして、国会では初等教育法の新たな改定法案が自由主義勢力によって提出された。この法案の内容は、これまで自治体の負担となっていた公立学校の運営費の一部を国庫補助とするなど、公立学校の規模拡大と制度化を目指す一方で、宗派学校に対する建築・設備基準を厳しくするものであった。これに対して、正

統派カルヴィニストたちの懸念は、法案に反対するための署名入りの請願書を作成するという運動へと発展していった。『デ・スタンダールト』もまた、この運動の気運を高める中心的な役割を演じた。当時、同紙の記事には、「キリスト教に賛成か反対か？」といったような編集長カイペルの問いかけによって、学校闘争に対する行動の選択が読者に迫られていたのである (Idenburg 1960: 111)。こうして集められた署名はわずか数日間のうちに30万5,000筆に達した。当時、下院議員の選挙権を与えられていたのは、12万2,000人足らずであったとされている。つまり、署名に加わった人びとの半数以上は選挙権をもたない民衆であり、その中に多く含まれていたのは、自営業者や農民など下・中産階級であった信仰深い正統派のカルヴァン主義者たちであった。

　結局、この請願書は法案の可決を阻むにはいたらず、1878年に初等教育法の改定法案は可決されるにいたった。だが請願書の作成によって形成されたネットワークは結集力を増し、翌年には「聖書のある学校」という教育協会が設立された。それが政治的に組織化された結果、同年4月にオランダ初の組織化された政党である反革命党 (Anti-Revolutionaire Partij: ARP) が誕生することになる。こうしてオランダ初の大衆的な政党は、教育問題を起点とする正統派のカルヴァン主義者によって形成されたのである。なおカイペルは、その後40年あまりにわたってARPの党首として活躍することになる。

カトリックグループの転向

　ここで興味深いのは、自由主義勢力による改定法案に反対する同様の請願書が、カトリック教徒のグループによっても提出されたという事実である。その署名数は16万4,000筆にも及んだという (Idenburg 1960: 112)。実のところ、1848年に自由主義勢力が政治の舞台に上がった頃まで、カトリックのグループは、中立的な教育を志

向する自由主義勢力の側につくことで、カルヴァン派からの支配を逃れようとしていた。1848年憲法および1857年の学校教育法が実質的に意図していたのは、オランダ改革派教会を中心とした教育権限の弱体化であったため、カトリック集団はこれらの法的措置に対しても支持する姿勢を示していたのである (Scholten 1928: 127)。

　しかしそれ以後、自由主義勢力の描く公教育の理想図が次第にかたちを現すにつれ、その根本思想の相違は明確になるばかりであった。こうしたときにカトリック信者に重要な影響を与えたのが、教皇ピウス9世による1864年の回勅『クワンタ・クーラ』とその付録文書「シラブス・エロールム」であった。この文書には、近代社会の過ちとされる合理主義、汎神論、教会と国家の分離、社会主義、自由主義などの異端が80項目にわたって記されていた (ロジェ・オーベール他 1982: 79-80)。これに対してオランダの自由主義勢力が取った批判的態度は、カトリック教徒らに、自由主義勢力との協力体制を維持することが不可能であることを見きわめさせたのである。

　このことがきっかけとなり、翌年の1865年の議会以降、カトリック司教団たちは、カトリック学校における教育の権利を直接的に訴えるようになった (ロジェ・オーベール他 1982: 184-185)。実際、助成される条件が整っていなかったにもかかわらず、1868年から1887年の約20年間にかけて、カトリック教会立の学校は42校から266校と急増している (Evans 1999: 131)。1864年の回勅に続いて、1869年に召集された第一ヴァチカン公会議で教皇の無謬性に関する教義憲章が採択されたことは、オランダの自由主義勢力とカトリック勢力の決裂を決定的なものにした。自由主義勢力を中心とするオランダ議会は、この出来事を期にヴァチカンとの外交を断絶するにいたったからである。

　このような状況下で自由主義勢力によって提出されたのが、先述した初等教育法の改定法案であった。カトリック教徒らが議会にお

いて取るべき態度はすでに明確であった。すなわち、1857年法の制定のさいに取った協調的な態度からの転換である。この方針に共鳴したのが、増加しつつあったカトリック教会立の学校に通う信徒たちであった。署名数がたちまち16万を超すにいたったのは、自身の通う学校に対する財政援助を求めるという切実な信徒の要請があったからであった。また同時に、19世紀中頃からいくつか刊行され始めていたカトリック教徒を対象とした日刊紙や週刊誌も、この闘争の目的をカトリックの民衆に伝達する重要な手段となった (Evans 1999: 132)。

他方、1860年代以降のヴァチカンにおけるカトリック教会の動向に対しては、オランダの自由主義勢力のみならず、正統派のカルヴァン主義者の側からも大きな反発が起こっていた。しかしこれに対して、国内の学校問題をめぐって同一の路線に向かっていることを察知したカイペルは、日刊紙『デ・スタンダールト』において、1873年から2年間にわたる連載記事の中で、カトリック勢力との共闘の可能性を論じ始めていた。近代精神によって攻撃されつつあるキリスト教の根源的信条に対する危機感が、カトリック教会と共有するものであることを強調したのである。ここに、宗教勢力の共同歩調が実現する基盤が出来上がったのであった。

このとき、カイペルと手を組むことになったカトリックグループを指揮していたのは、1880年から国会議員として議会で活躍していた司祭ヘルマン・スヘップマン (Herman Schaepman) であった。彼は、時代の趨勢となっていた自由主義とその勢力が推し進める非宗教化に抗するための、カトリックグループの政治組織化を志向していた。1883年には1926年に正式に成立するローマ・カトリック教会国民党 (Rooms-Katholieke Staatspartij: RKSP) の原型となる綱領を公刊し、1898年にはそのグループの基盤を形作った。

3　近代教育制度の確立と変容

私立〔宗派〕学校の発展

　学校をめぐる闘争において信者からの幅広い支持を取りつけたARPとカトリックグループの次なる戦略は、議会勢力の転換をねらうことであった。徐々に関係を強化した宗教陣営は、1888年の選挙で過半数を獲得し、ここにカルヴァン派とカトリック間の連立政権が誕生するにいたった。

　翌年の1889年、宗教連立政権は早速、自由主義勢力によって制定されていた1878年の教育法を改定し、私立〔宗派〕学校に対して公立学校と同等の国庫補助を提供することを保障した。そして1917年の憲法改定で、私立学校が公立学校と同じ基準で国庫補助を受けることが条文に追加され、19世紀半ばから60年以上続いたオランダの学校闘争はついに終結したとされている。その後1920年にはこの憲法を踏まえた初等教育法が施行され、私立学校も公立学校と同様に教育の基準や質の維持が国家によって監理されることになった。

　こうして、財政面や教育の質などの面で同等の立場に置かれた公立学校と私立学校は、いずれもオランダの公教育機関として発展を遂げていくことになる。図1のとおり、カトリック系とプロテスタント系の学校数の増加によって、これらの学校に在籍する生徒数の初等学校全体に占める割合は一気に高くなった。

　各家庭は通常、自らの宗派と同じ基盤をもつ学校に子どもを通わせることで、家庭と学校の宗教文化の同一性を保った。学校内部における教育理念の同質性は、親と学校間の関係を強化させることにつながり、価値の共有による安定した学校の運営を可能とした。

　このように、宗派政党の優位と学校闘争の帰結としての信徒の団結力に支えられて、19世紀末から20世紀初頭にかけてのオランダ

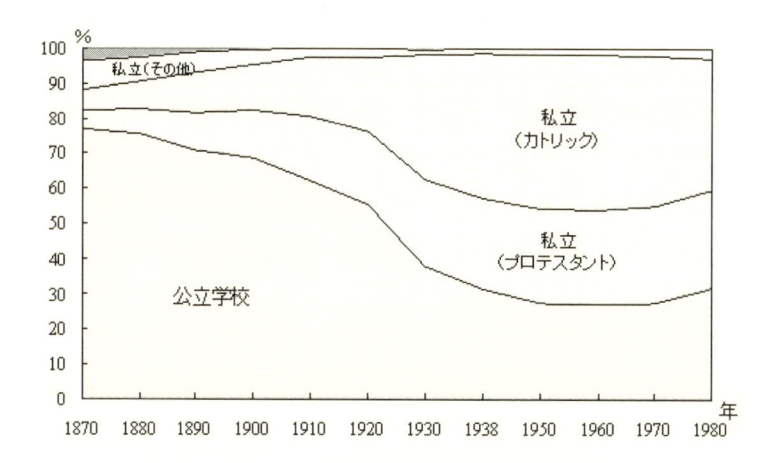

図1　全体に占める各学校の生徒数の割合変化

※1870年〜1910年まで全体の割合が100％でない理由は、カトリック系とプロテスタント系のうち個人経営の学校と、私立（その他）の学校のうちすでに補助金を受けていた学校における生徒数が含まれていないためである。
出所）M. de Kwaasteniet, *op.cit.* (1990) p.252 を参照のうえ筆者作成。

では、あらゆる社会組織が宗派的な基盤のもと積極的に形成されていった。学校闘争をきっかけにして、やがて同様の組織化は雇用者団体、新聞などのメディア、小売店、商業施設などへと広がっていくことになるのである。また、業種の違いを超えた宗派間のまとまりによる労働組合も結成された。

第二次世界大戦後の社会変容

しかし第二次世界大戦後、この社会基盤は再び大きな変容を遂げることになる。戦後の高度経済成長や科学技術の急速な発展の中で、人びとの生活における宗教の位置づけは急激に変化し、信者数や教会人口の減少につながった[3]。そうした中、かつて宗派を基軸として機能していたさまざまな社会組織は、その元来の宗派的性質をほとんど失うにいたる。宗教系の新聞はその宗教色を薄め、労働組合も合併などによって再編を図ってきた。これまで分立していた

宗派政党も、今後の生き残りをかけ、RKSP の後継政党であるカトリック人民党（KVP）、ARP、そしてキリスト教歴史同盟（CHU）の三政党が合体し、1977年にキリスト教民主勢力（Christen Democratisch Appèl: CDA）を成立させるにいたった。

　世俗化の波と時をほぼ同じくして、オランダは社会の構成員の多様化も経験することになる。その多くは、第二次世界大戦後の高度経済成長を支える労働者としてやってきた、トルコやモロッコ出身の人びととその家族や子孫であった。その結果、とりわけムスリム人口は増加の一途をたどり、1971年に約5万人であった人口は、4年後の1975年には約10万人と倍になった。2004年には約5.8％の94万4,000人程度のムスリムが居住しているとされていた（Centraal Bureau voor de Statistiek）。

キリスト教民主主義（CDA）にとっての私立〔宗派〕学校

　こうしたなかで、オランダの公教育制度はどのような影響を受けてきたのだろうか。第一点は、既存の私立〔宗派〕学校の宗派的側面が家庭による学校選択の際の優先順位から下がったことである。今でも学校組織それ自体は宗派ごとに強固な枠組みが残ってはいるものの、第二次世界大戦後、学校選択の基準はむしろ各学校の教育の質や学校環境などへとシフトしてきたのである[4]。

　このような状況に対して、政府では公立学校と私立〔宗派〕学校の二重構造の一本化についても検討がなされるにいたった。ただしこれに関しては、憲法改定の必要性という観点からも、またこの構造がオランダ社会を特徴付ける多様性を可能にしたという一般的な合意が形成されていることからも、今のところそうした方向性には向かっていない。

　かくしてオランダの公教育制度は、世俗化された現在においても実質的におおよそ3分の2の生徒を私立〔宗派〕学校へと導いている

わけだが、その私立〔宗派〕学校の意義を宗教的な観点から積極的に捉え返しているのが、先に言及したキリスト教民主主義政党のCDAである。

2005年に開かれた会合において、CDAのファン・デル・ホーフェン元教育相は、キリスト教の教育的機能とその学校の意義について次のように発言している。「あなたの手にある聖書の字句が21世紀の問題に対する解答を差し伸べるわけではないでしょう。しかし、その言葉は確かに羅針盤となります。それは未来に向けた羅針盤です。CDAは、こうした羅針盤をもって運営される学校はオランダ社会にとって不可欠であり、またきわめて価値ある存在であると考えます (van der Hoeven 2005: p.5)。」

これほど社会の世俗化が進行しているにもかかわらず、CDAが宗教の教育への関与を強調する背景には、単に宗教と教育の密接な関連性があるだけではない。以上において明らかにしてきたように、キリスト教民主主義勢力にとって、公教育の成立期における宗教をめぐる闘争は、政党が成立するまさに原点でもあった。つまり、公教育における私立〔宗派〕学校の位置づけを死守することは、キリスト教民主主義勢力の存在理由にかかわる重要な任務なのである。

ここでさらに重要なのは、CDAによるこの立場が、他の宗教グループにも同様に適用されているという点である。具体的には、ムスリム移民らによるイスラーム学校の設立運動に対して、最も好意的な姿勢を貫いてきたのがこの政治勢力であった。CDAによるこうした立場は、当初から少数派の私立〔宗派〕学校の設立に反対の立場を表明していた他の主要政党（自由主義系、社会主義系）とは対照をなしており、長らくオランダの移民政策の論議における争点の一つともなってきた。

CDAによる支持根拠を端的に表現すれば、キリスト教と同様にイスラームやヒンドゥー教を基盤とする学校も、各々の信仰に基づ

く教育実践が子どもたちの自己形成や成長に際して重要な関与と貢献をなしうるという点である。とりわけ、これらの少数派グループにとって、宗派学校における子どもたちへの宗教の教授とそれを核とした自己形成は、社会的・経済的に不利な状況にあるこれらのグループが解放へと向かうために有益であることが強調されているのである。

　憲法上の規定に加えて CDA のこうした支持にも支えられ、新たな宗教グループの学校は1980年代に入ってから急増し、イスラーム学校にいたっては2008年の時点で45校以上が運営されている。この数は、西欧諸国の全額公費拠出によるイスラーム学校としては最も大規模なものである。

おわりに

　オランダで展開された学校闘争は、人間形成の場として重要な機能を果たす学校が信仰不在となることに対する不安と反発から生まれ出たものであった。その不安はやがて宗派を超えて共有され、共闘のための土台が形成された。闘争の結果、オランダの公教育制度は、その中に宗教を内在するのみならず、宗教の多元性をも兼ね備えることとなった。

　要するに、学校闘争がもたらしたのは、社会で宗教が多元的であるという合意のもとで公教育が展開されること、言い換えれば公教育のなかで「他」の信仰と自らの信仰が同位置にあることを前提とする思想であった。さらに敷衍すれば、この運動は単に近代公教育の中に宗教を含める過程にとどまらず、宗教それ自体が近代化を遂げていく過程でもあったといえよう。

　現代のヨーロッパにおいて、公教育と宗教の関係をめぐっては引き続き再考を促されている。オランダのそれは、両者を最も密接に

かつ多元的に扱う形態の例として、再考に際して重要な対象となるものであろう。ただし、宗教が多元的に並存することを前提とする思想は、必ずしもその間の接触や対話を生み出すものではないことに注意を払う必要がある。多元性を基盤とする思想のもとに、どこまで、またどのように「他」の空間に踏み込めるか。オランダ公教育の特質を現代の文脈から捉える際には、この問いを決して避けて通ることはできないのである。

<註>
1 「私立学校」の原語である「bijzondere scholen」の文字通りの訳は「特別学校」となるが、本稿では便宜上、これを「私立学校」または必要に応じて「私立〔宗派〕学校」と表記する。
2 自由主義勢力によって実権支配がなされる直前の1842年に施行された政令は、私立〔宗派〕学校に対するいくつかの緩和策を生み出した。それは設置基準の緩和や、設立が自治体当局によって拒絶された場合の異議申し立て制度の確立などに加えて、各宗派の教育委員会の設置を認めるというものであった。この政令の施行によって、国家による財政援助はなかったものの、カトリックやカルヴァン派の私立〔宗派〕学校がいくつか設立されるにいたっていた。
3 とりわけ、20世紀初頭にオランダ全人口のうち50％近くを占めていたオランダ改革派の宗教人口の割合は、1980年代には20％を切るまでに激減した。それに替わって20世紀初頭に5％にも満たなかった特別の信仰を持たない人口の割合は、1980年代には20％を超え、さらに2000年には40％近くに上っている。Centraal Bureau voor de Statistiek, Persbericht PB00-281 2000 および CBS による最新のデータ (www.cbs.nl) を参照。
4 社会文化計画局 (SCP) による2000年の調査結果によれば、子どもの学校選択の理由を答えた回答者のうち、「学校の信仰や思想との合致」が「非常に重要」または「重要」と答えた割合は40％弱にとどまった。他方、「教育成績〔の向上〕に力を入れている」ことを重視する割合は90％近くに上っている (Herweijer & Vogels, 2004: 81)。

<引用参考文献>

Daalder, H., "Consociationalism, center and periphery in the Netherlands," in P. Torsvik (ed.), *Mobilization Center-Pheriphery Structures and Nation-Building,* Bergen: Universitetsforlaget, 1981.

Evans, E.L., *The Cross and the Ballot: Catholic Political Parties in Germany, Switzerland, Austria, Belgium and the Netherlands, 1785-1985,* Boston: Humanities Press, 1999.

Herweijer, L & Vogels, R., *Ouders over opvoeding en onderwijs,* Den Haag: Sociaal en Culturaal Planbureau, 2004.

Idenburg, Ph.J., *Schets van het Nederlandse schoolwezen,* Groningen: Boekdrukkerij J.B. Wolters, 1960.

Koelman, J.B.J., *Kosten van de verzuiling: een studie over het lager onderwijs,* Proefschrift ter verkrijging van de graad van doctor, Rotterdam: Erasmus Universiteit Rotterdam, 1987.

Kossmann, E.H., *The Low Countries 1780-1940,* New York: Oxford University Press, 1978.

Kuyper, A., *Lectures on Calvinism: Six Lectures Delivered at Princeton University under Auspices of the L.P. Stone Foundation,* Grand Rapids, Michigan: WM.B. Eerdmans Publishing Company, 1931.

Kwaasteniet, M. de, *Denomination and Primary Education in the Netherlands (1870-1984): A Spatial Diffusion Perspective,* Amsterdam: Instituut voor Sociale Geografie, 1990.

ヘスラム,P.S.『近代主義とキリスト教——アブラハム・カイパーの思想』稲垣久和・豊川慎 訳、教文館、2002年。

Langedijk, D., *De Schoolstrijd,* 's-Gravenhage: Van Haeringen, 1935.

Luykx, P., "The Netherlands," in T. Buchanan & M. Conway (eds.) *Political Catholicism in Europe 1918-1965,* New York: Oxford University Press, 1996.

水島治郎「伝統と革新——オランダ型政治体制の形成とキリスト教民主主義」『国家学会雑誌』106巻7・8号、1993年.

Onderwijsraad, *Vaste Grond onder de Voeten: Een verkenning inzake artikel 23 Grondwet,* Den Haag: Onderwijsraad, 2002.

ロジェ・オーベール他『自由主義とキリスト教』上智大学中世思想研究所編訳／監修、講談社、1982年。

Scholten, L.W.G., *Thorbecke en de Vrijheid van Onderwijs tot 1848,* Utrecht: Drukkerij Fa. Schotanus & Gens, 1928.

Van der Hoeven, M., "Vrijheid van Onderwijs anno 2005: Toespraak minister van OC&W Maria J.A. van der Hoeven gehouden tijdens bijeenkomst van de Savornin Lohmanstichting op 29 augustus in de Fractiekamer van de CDA Tweede Kamerfractie."

Wouters, D., Visser, W.J., et al., *Wetgeving in de geschiedenis van de opvoeding van het onderwijs vooral in Nederland*, Groningen, 1927.

吉田信「オランダ国民の形成：一八五〇年国籍法の検討を通して」『神戸法学雑誌』50巻3号、2000年。

＜図書紹介＞

Kuyper, A., *Lectures on Calvinism: Six Lectures Delivered at Princeton University under Auspices of the L.P. Stone Foundation*, Grand Rapids, Michigan: WM.B. Eerdmans Publishing Company, 1931.

　本稿でも紹介したアブラハム・カイペルの著作の一つで、彼が1898年にアメリカのプリンストン神学校で行った6回の特別講義を出版化したもの。カイペルの思想の全体像を理解するためには必読の書。

ヘスラム，P. S.（稲垣久和・豊川慎 訳）『近代主義とキリスト教——アブラハム・カイパーの思想』(教文館、2002年)

　イギリスの社会学／神学者による著作。上のカイペルの著作をもとに、6つの講義の各テーマ（宗教、政治、学問など）がいかなる文脈のもとに言及されているかを、カイペルの実際の活動や当時の時代背景に関する説明を加えつつ分かりやすく解説。

Rath, J., Penninx, R., et al., *Western Europe and Its Islam: The Social Reaction to the Institutionalization of a 'New' Religion in the Netherlands, Belgium and the United Kingdom,* Leiden: Brill, 2001.

　オランダの公教育に導入されたイスラーム学校がどのような経緯によって設立されたか、またその過程においてCDAやその他の主要政党がどのような態度を取ったかが詳細に明らかにされている。公教育以外の領域の（モスク、墓地、メディアなど）組織化についても扱われており、オランダ社会の宗教の多元性がどのようなかたちで展開したかを理解するのに役立つ。

第4章　成人教育のゆくえ

―― スウェーデン：
　　公共性をめぐる緊張関係　　　　　　太田美幸

1　生涯教育論と近代教育の再編

　1965年のユネスコ成人教育推進会議において、教育制度の新たな原理として登場した生涯教育論は、急激な社会変化に即した近代教育のオルタナティヴを国際社会に向けて提起するものであった。また、OECDが1970年に提唱したリカレント教育論は「個人の全生涯にわたって教育を労働や余暇や隠退生活などの諸活動と交錯させながら分散すること」(OECD 1973: 24) を掲げ、成人の学習権保障と実質的不平等の縮減を追求する教育戦略として、またノンフォーマルな成人教育を教育体系の中に積極的に位置づけることを企図するものして、生涯教育論とともに教育改革の国際的な新機軸を示した。
　近代教育は本来、未熟な存在としての子どもを対象として構築され、成熟した存在である成人は教育を受ける側ではなく与える側に置かれることが自明とされていた。とはいえ、成人が生活課題に応じて必要な情報を集め見識を高めるという営みは古くから存在し、それを組織化したノンフォーマルな教育活動も各時代・各社会において形成されてきた。そこには、学校教育では対応しきれない近代社会の多様な要求が、地域ごとの文脈に即して、あるいはバナキュラーな価値のありように即して反映されている。こうしたノンフォーマルな成人教育の社会的意義を重視するOECDのリカレン

ト教育論は、生涯教育の原理に基づく近代教育の再編を学校教育の枠を超えて構想していた。

　だが、ノンフォーマルな教育活動を制度に組み入れるとすれば、その本来の意義は、国民教育制度が内包する差異化の仕組みのなかに埋もれてしまいかねない。また、生涯にわたる教育が経済発展にとって不可欠のものと認識され、国家的・国際的に推進されている現状（EU のリスボン戦略はその典型であろう）からは、教育を人的資本への投資と読み替える資本主義イデオロギーの強力さも垣間見える。実際のところ、「現代の生涯学習はその大部分が高度に発達した資本主義の産物」(Jarvis 2007: 195) であり、不平等のさらなる拡大を生む可能性さえ指摘されている。

　にもかかわらず、生涯学習に対して、シティズンシップの拡大や自己実現といった肯定的なイメージを投影する傾向は根強い。マイヤーらは、制度化された教育が善いものとして自然に受け入れられていることを指して、教育を「西欧近代を支えている政治的神話の中核」(田中 2004: 96)に位置づけているが、その意味では、生涯教育・生涯学習も高度資本主義のグローバルな展開を支える新たな政治的神話であるといえよう (Hughes/Tight 1998)。ノンフォーマルな成人教育がそうした状況下で戦略的に推進されることの意味を、改めて問うてみなければならない。

　他方、教育活動には人々の批判的思考を喚起する契機が含まれているということも、多くの論者によって指摘されている。たとえば、生涯教育を「抑圧と解放の弁証法」と説くジェルピの視点は、生涯にわたる教育が既成秩序の強化の道具となりうることを看破したうえで、制度の内外で展開される教育実践が、学習者のコミットメントのありようによって支配権力に対抗する力を持ちうることを照射している (ジェルピ 1983)。

　彼の議論を敷衍すれば、生涯教育の原理に基づく近代教育の再編

がどのような帰結を生むかは、教育の制度化に対して人々がどのような実践をおこなうかによるのだといえる。それがたどりうる道筋を明らかにするためには、生涯教育・生涯学習の制度化の過程を、政策と実践の影響関係を軸に読み解くことが必要となる。本稿では、生涯教育論の国際的な広がりのなかでいち早く成人教育制度を導入したスウェーデンを事例として、その制度化の過程を追う。

　スウェーデンは、国際社会にリカレント教育のアイデアを提供した国であり、また、学習権保障と実質的不平等の縮減というリカレント教育の理念を実行に移し一定程度の成功を収めてきた国でもある。成人教育は、社会民主主義政権下の教育改革のなかで、1960年代後半から70年代にかけて制度化された。

　一方で、スウェーデン社会においては、19世紀後半以降に組織化された民衆教育 (folkbildning)[1]の存在感も大きい。スウェーデンの民衆教育は、もともとは労働運動や政治運動、宗教運動、禁酒運動など、民衆運動の諸団体がメンバー育成のために組織したノンフォーマルな教育活動で、現在でも政党や労働組合、宗教組織などを母体とする学習協会や民衆大学がその中核を担っている。特に、学習協会が運営する学習サークルは、日常的な学習の場としてのみならず、民主主義的な政治文化の成熟に貢献するものとしても重視されている[2]。

2　リカレント教育へのアプローチ

「リカレント教育」概念の誕生

　スウェーデンでリカレント教育のアイデアが初めて登場したのは、当時の教育大臣ウーロフ・パルメの指名によって任命された1968年教育調査委員会 (U68) においてであった。当時、高等教育機関において半数近い学生が修了試験に合格しないという状況が問題

視されており、U68にはこうした状況を解決するための高等教育改革の立案が課せられていた。

　U68がおこなった調査では、修了試験に合格しなかった学生の多くがその後も何らかの形で学業を継続していることが明らかにされた。こうした柔軟な学業のありようを支援し労働市場で評価していくことを目指して「教育と労働とを交互に繰り返すことを容易にする教育システム」(SOU 1971-60: 8) が構想され、このシステムが「リカレント教育 återkommande utbildning」と名づけられたのである。パルメがこれを1969年のヨーロッパ文相会議で紹介し、OECDの教育研究革新センターが1970年に出したレポート (OECD 1970) を通じて国際的に認知されることとなった。

　U68におけるリカレント教育の概念は、パルメによってヨーロッパ諸国に紹介された当時、平等の達成を主たる目的とするものして注目されたといわれる。確かに、U68の初期の議論においては、1962年の大規模な義務教育改革によって引き起こされた世代間の教育格差がリカレント教育の制度化によって解消されうるという主張もみられたが、1971年から1972年にかけて相次いで出された答申の内容を見る限り、U68の関心は最終的には労働市場の需要に応えうる高等教育改革を構想することに収斂し、成人教育を通じた格差解消に対する関心はさほど高まらなかったといってよい。もとよりU68の目的は、高度専門職の育成を念頭においた高等教育改革の立案にあったのである[3]。

　U68の答申にもとづく高等教育改革は、1977年に大規模に実施された。このときに制定された大学法第7条には「高等教育を計画するにあたっては、学業と職業生活が交互におこなわれること（リカレント教育）を促進するような方法が講じられるべきである」(SFS 1977:218, 7§) と規定されている。これを盛り込んだ進学規則が、25歳以上で4年以上の労働経験を有する者に一定の定員枠を割り当て

る「25：4ルール」であった。

「25：4ルール」はスウェーデンのリカレント教育を象徴するものとして注目を集めたが、この高等教育改革は当時の一連の成人教育改革のごく一部でしかない。実際のところ、OECDが謳ったリカレント教育の理念、すなわち成人の学習権保障や社会的経済的不平等の縮減といった目標は、後にみるように民衆教育との強い連携のもとで実現が目指された。

労働運動からの批判

ところで、中等教育レベルの教育を提供する成人教育機関の必要性については、すでに1946年学校教育委員会の答申において言及され、ここでの提言は1960年高等学校調査委員会(GU)、ならびに1963年に任命された職業教育準備委員会(YB)に引き継がれていた。

1950年代から60年代にかけて経済発展における教育の重要性がさかんに議論されていたことを受けて、1965年に出されたGU答申「高等学校および専門学校における成人教育」では、義務教育の補完、教育の機会均等、労働市場教育の必要性などの観点から成人向けの学校教育の重要性が指摘され、1966年のYB答申「職業教育」では急速な技術革新に対応するための継続的職業教育が必要であると主張された。また、1962年に出された成人学習状況調査委員会答申でも、中等教育レベルの成人教育への支援が求められていた。

1967年の国会ではこれらの答申に基づいて成人教育政策の導入が初めて議論され、高等学校のレベルに対応する公立成人学校(コムブクス)が各自治体に設置されることとなった。これは一般に1967年成人教育改革と呼ばれる。

公立成人学校の設置にあたっては、その目的として世代間の教育格差の解消、進路変更への対応、文化活動の推進、労働力需要への対応の四点が掲げられてはいたものの、成人学校教育の制度化を

直接的に動機づけたのは、人的資本論や積極的労働市場政策を背景とした GU や YB の議論であったことが指摘されている (Olofsson/Rubenson 1985: 8-11)。公立成人学校が実質的に対象としたのは、より専門的な教育を受けるために大学進学を目指す成人であった。だが、義務教育改革直後であったこの時期、成人人口の半数近くが旧制の国民学校で7年以下の教育しか受けておらず、旧制の中学校を修了し高等学校への入学資格を持っていた者、あるいはすでに高等学校以上の教育を受けていた者は2割ほどしかいなかった。

1967年成人教育改革は、実質的には一部のエリート層を対象としたものでしかなく、改革の背後にあった経済発展優先の成人教育観は、労働運動から激しい批判を受けることになった。労働組合中央組織 (LO) と、社会民主党 (SAP) を母体とする学習協会・労働者教育連盟 (ABF) は、1969年6月に共同で教育省に提出した意見書において1967年成人教育改革を批判し、これまで十分な教育を受けてこなかった人々を対象とする成人教育制度の整備が必要だと主張した。また、LO と SAP が共同で組織した平等問題委員会も同年にレポートを出し、再分配政策の具体的な推進策として成人教育制度を充実させることを主張している。さらに LO は組織内部に成人教育問題委員会 (LOVUX) を設置し、成人教育を通じた平等と公正の実現を目指して独自の調査を開始した。

こうした労働運動側の動きを受けて、政府は1970年1月に成人教育調査委員会 (FÖVUX) を設置する。FÖVUX では、LO と ABF による1969年の意見書、LO-SAP のレポートや LOVUX の見解を踏襲した調査方針が立てられた。これらの調査を通じて、成人教育政策の方針は労働運動側の打ち出した成人教育観に即したものへと変容していくことになる。

成人教育政策の方針転換

労働運動からの成人教育政策に対する要求は、これまで十分な教育を受けてこなかった人々に優先的に教育機会を提供すること、こうした人々が学習活動に参加しやすいような制度を整備することであった。FÖVUXが1974年7月に出した最終答申では、公立成人学校、学習サークル、民衆大学を柱として、高等教育、労働市場教育、企業内教育などをそこに接続させるという構想が提案された。既存の民衆教育を最大限に活用しようとするこの提案は、ノンフォーマル教育を教育体系のなかに積極的に位置づけるOECDのリカレント教育構想への模範的な回答であったといえる。

　FÖVUX答申を受けて、1975年国会では包括的な成人教育改革が実現した。公立成人学校、学習サークル、民衆大学のすべてに適用される学習資金援助が制度化され、学習協会と民衆大学への運営補助金も大幅に増額された。義務教育改革後の世代間教育格差は、学習サークルを通じて解消が目指された。

　たとえば、労働者が多数参加する学習協会において、従来からの学習サークルのほかに、スウェーデン語、数学、英語、社会に関する知識などを学ぶサークルを開講し、義務教育改革後の初等教育レベルに対応する基礎的知識の補充をおこなうといった具合である。こうしたサークルは「優先サークル」と呼ばれ、特別補助金が支給されることとなった。そのほか、民衆教育組織が提供する障害者向けのプログラムや過疎地における教育活動に対しても特別補助金が支給されることが決定し、一般サークルへの補助金単価も引き上げられた。

　さらに、有職者が教育を受けるために取得できる有給休暇、および復帰後の職の保証を定めた教育休暇法が1975年1月1日より施行され、これによって、同一使用者のもとで過去6ヶ月、または最近2ヵ年中に12ヶ月以上就業した者は誰でも教育休暇を取得する権利を持つことができるようになった。また、成人学習者に対する修学援

助の財源として、使用者が1年間に被雇用者に支払った給料等の合計の0.15％に相当する額を納入すべきことを定めた成人教育義務資金法が1976年7月1日より施行された。

こうした一連の改革の結果として、成人教育の規模は急速に拡大する。成人教育関連予算は1970年度の3億400万クローナに対し1975年度は7億7,600万クローナと約2.5倍に増え、特に学習協会への補助金の増加は顕著であった。学習サークルの開講数は約10年間で倍増している (Olofsson/Rubenson 1985: 132)。

このように、1970年代の成人教育政策は民衆教育への支援強化を軸にすすめられた。実のところ、1960年に実施された民衆教育調査においてすでに、義務教育改革が実現するまでの間に蓄積していた学校教育制度の不備が民衆教育によって補完されてきたことが明らかになっており、1970年代の成人教育改革は民衆教育が従来から果たしてきたこうした機能を制度の枠内に位置づけるものであったといえる[4]。

ただし、その位置づけのありようをめぐっては、政府と民衆教育組織との間に複雑な葛藤があったことに留意しておく必要がある。制度化された教育とノンフォーマル教育の間の緊張関係は、次第に顕在化していった。

3　揺らぐ民衆教育

成人学校教育と民衆教育との緊張関係

公的な成人学校教育の設置に関する要望は、1950年代にはすでに民衆教育組織のなかに立ち上がっていた。当時、公立成人学校の前身となった「夜間学校」を運営していたのは学習協会であったが、こうした教育は学校教育制度のなかで提供されるべきという考えが運営に携わる複数の学習協会のなかで共有されていたという

(Johansson 1990: 7)。しかし、成人教育の制度化の機運が高まるなかで、民衆教育のアイデンティティは図らずも揺らいでいくこととなった。

それを象徴的に示すのが、1965年に出されたGU答申に対する民衆教育組織の反応である。GU答申のなかで成人学校教育が「一般的な学習意欲と教養獲得の要求に応えるもの」と定義されたことに対して民衆教育組織は激しく反発し、「一般的な学習意欲や教養獲得の要求」に応えるという役割は歴史的に民衆教育が担ってきたものであり、成人学校教育の機能は制限されるべきだと主張した(Johansson 1990: 8-9)。成人教育の制度化によって、非制度的な民衆教育が淘汰されることへの危機感が高まったのである。

こうした反応を受けて、1967年の公立成人学校設置の際には、従来民衆教育組織が運営してきた中等教育レベルの成人教育は本来的には学校教育制度の中に位置づけられるべきとする見解が示されたうえで、公立成人学校が提供する教育は民衆教育の内容と重複しないものに限られることが確認されている。

ただし、1967年成人教育改革に対しては、階層格差を助長するものであるとして労働運動側から反発が生じていたのは先にみたとおりである。民衆教育組織もこの点については労働運動と同調していた。民衆教育組織は労働運動とともに1967年改革への批判と積極的な提案をおこない、結果として、学習サークルの活動がFÖVUXの成人教育構想の中心に位置づけられることとなったのである。70年代には学習サークルへの参加者が急増し、補助金も増加したことによって、民衆教育組織の財政は成人教育改革以前と比べて格段に豊かになっていた。

民衆教育の「公共性」?

しかしながら、成人教育政策において民衆教育の重要性が認識さ

れればされるほど、フォーマルな成人学校教育とノンフォーマルな民衆教育との区分は曖昧になる。

　学校教育制度の外で制度の不備を補完してきた民衆教育は、その一部を制度に組み入れることに成功するとともに、活動の社会的意義を認められ公的な財政支援を獲得した。これは、労働者の学習権保障を通じて社会的不公正と闘ってきた民衆教育運動が当初の目的を達成し、公共性 (publicness; 公益性) をもつ実践として認定されたことを意味する。

　だが、民衆教育が歴史的に民衆運動の思想的・組織的基盤の上に展開されてきたものであることをふまえると、民衆運動や民衆教育が本来的に含み持つイデオロギー的性格がこれによって消滅したとは考えにくい。実際、現在の民衆教育の活動のなかには、女性運動、環境運動、反戦・平和運動、移民による運動などの新しい社会運動の生成を促し、その活動を実質的に支えているものもある (太田 2006; 2007)。むしろ考えられるのは、公的 (official) な財政支援を受けることによって、また、民衆運動と直接的には関わらない多くの人が民衆教育を利用するようになったことによって、民衆教育本来のイデオロギー性が後景に退き、民衆教育の公共性が社会的に構築されていったという道筋である。

　これに関連することはすでにいくつかの研究で指摘されている。たとえば、2002年から2004年にかけて民衆教育研究者グループが行った調査は、民衆教育組織の機関誌にあらわれる民衆教育の自己イメージ、民衆教育研究が形成してきた民衆教育像に関する分析を通じて、実際にはそれぞれ多様な利害関心をもつ民衆教育の諸組織が、あたかも一枚岩的に共通の (common) 理念を掲げているかのような言説が構築されてきたことを示した (SOU 2004-30)。

　また、スウェーデン民衆教育研究の第一人者であるラーションは、民衆教育の社会的意義を強調する言説が国からの財政支援を正当化

する機能を果たしていることを指摘している。その言説の作用によって、実際にどのような活動が行われているかにかかわらず、民衆教育は公的に推進されるべきものとみなれるのである。

「民衆教育概念の内実はそれが何のために利用されるかによって形成される」(Larsson 1995: 35) というラーションの指摘は、民衆教育が学校教育制度と同様に権力構造の一要素であるという事実の認識を促す。民衆教育がその内実にかかわらず公共性をもつものとみなされる現状は、制度の外にある教育活動までもが既存社会を支える政治的神話に組み込まれつつあることを示しているのかもしれない。

4　もう一つの教育システム

学校教育制度の相対化

民衆教育は本来、教育制度からはみ出た人々が自らの文化を自律的に実践する場として機能してきた。そこには、「地域住民が生き残りをかけていずれの時代にも、いずれの共同体にも存在した、地域の持つさまざまな課題を解決するために生み出された多様かつ地域固有の学習の様式」(前平 2005: 104) がある。

一方、ハミルトンは民衆教育を「社会の支配層がヘゲモニー的な構造を通して伝達する知識、価値、諸影響」に対して、「激しく破壊的な抵抗運動を行使するわけではないものの、静かで合法的な抵抗を行使するもの」(ハミルトン 1992=2003: 53) と定義する。民衆教育は、日常生活の文脈に埋め込まれたバナキュラーな価値に立脚して自らの生活とそれを取り巻く社会を構築していく営みであり、支配権力によって制度化された学校教育を別種の学習様式によって相対化する「もう一つの教育システム」(Mayo 1999: 173) なのである[5]。

ラーションは、民衆教育のアイデンティティは「学校で提供され

る知識とは異なる知識をつくり出す」(Larsson 1995: 42) ことにあると言う。学校教育制度が階層分化の装置であり、学校的知識の獲得が社会的上昇移動や人材養成と結びつくものであるのに対し、民衆教育はそのようにして階層分化される社会を変革しようとするイデオロギーと結びついて展開してきた。その組織化の過程で、〈学校教育の文法〉(Tyack/Tobin 1994) とは全く異なる学習様式、すなわちラーションらが〈民衆教育の文法〉(Larsson 1995) あるいは〈学習サークルの文法〉(Larsson et al. 1997) と呼ぶ学習様式が確立されたのである[6]。

　近代教育は〈学校教育の文法〉を通じて主流文化を再生産してきたが、これに対して民衆教育は〈学習サークルの文法〉を通じて民衆文化を再生産するとともに、〈学校教育の文法〉による社会構造の再生産を相対化してきた。〈学習サークルの文法〉の中核は、私的な関心にもとづいて集う参加者の間に民主主義的な関係が築かれ、自律的な運営がなされることにある。これを通じて生み出されるのは、私的な課題を共通の関心事として立ち上げる自治的な政治文化にほかならない。

　そのような政治文化は、支配的な文化コードに挑戦する対抗的公共圏 (conter publics) (齋藤 2000: 14) を育てるだろう。たとえ民衆教育が既存社会を支える神話に組み込まれつつあるとしても、〈学習サークルの文法〉のもとでおこなわれる実践は、「ヘゲモニー的な構造から受ける影響に抵抗する」(ハミルトン 1992=2003: 53) ものとなりうる。不平等の縮減を目指すリカレント教育の理念は、教育にかかわる権力関係の組み替えを志向する民衆教育実践によってこそ実体化されるのである。

民衆教育運動の現代的展開

　近年、国家的な公共性を相対化しつつ民主主義を担うエージェンシーとして、NPOの教育力への注目が日本においても高まってい

る。だがその成否は、〈学校教育の文法〉を相対化しうるような学習様式が社会にどの程度根づいてきたか、そのような学習様式が人々の自治能力を育成してきたかどうかにかかっている[7]。

　スウェーデンにかぎらず、そうした学習様式の再発見・再構築によって対抗的な公共圏を立ち上げようとする試みはグローバルに展開されつつある。その代表格ともいえるのが、フランスで創設され「行動に向かう民衆教育運動」を標榜して国際的な教育運動の連帯を推進している ATTAC（市民を支援するために金融取引への課税を求めるアソシエーション）の活動である。

　新自由主義的な経済のグローバル化に反対する ATTAC は、その闘いが市民の政治意識や自治能力の向上なしには実現しないことを積極的に認識している。それゆえ、1866年創設の「教育同盟 Ligue de l'enseignement」を軸に多くの活動家を結集したフランス民衆教育運動の流れに自らを位置づけ、この数十年間で結びつきを弱めた社会運動と民衆教育とを、再度有機的に連結しようとしているのである（ATTAC 2001=2001）。社会運動と民衆教育との根源的なつながりを浮上させるこのような動きは、対抗的社会運動の国際的なネットワーク化とともに、ローカルな知を維持・伝達しようとする種々の教育活動の国際的連帯をつくりだす試みと連動しながら進展している（吉田 2005）。

　近代社会は国家装置として学校教育制度をつくりあげてきた一方で、それに対抗する「もう一つの教育システム」を生み出してもきた。生涯教育・生涯学習のグローバルな進展のなかで、「もう一つの教育システム」の存在は一層可視的になっていくかもしれないし、制度化された教育の拡大によって衰退の一途をたどるかもしれない。民衆教育運動の国際的連帯は、それぞれの社会において「もう一つの教育システム」が力を持ち続けるために、きわめて重要な意味を持っている。

＜註＞

1 　民衆教育(popular education)は、教育制度の外で展開されるノンフォーマルな教育のなかでも、民衆（地域住民）が社会変革の主体となることを志向する教育活動を指す。狭義の民衆教育はパウロ・フレイレの影響によって1960年代のラテンアメリカで生まれた教育実践を指すことが多いが、フランス、イタリア、北欧などで社会運動と強い結びつきを持って展開されてきた成人教育活動もそれぞれ民衆教育と呼称されている。

2 　学習サークルへの参加者は例年述べ200万人以上（成人人口の約三分の一に匹敵する）に達し、成人全体の四分の三が参加経験を持つ（SOU 1996-159）。

3 　当時、1950年代以降に深刻化したインフレ問題への対応策として、連帯的賃金政策と積極的労働市場政策を柱とする「レーン＝メイドナー・モデル」が提唱されていた。リカレント教育の構想に積極的労働市場政策の影響が見られることはしばしば指摘されている。

4 　実務的な職業教育の提供主体は、民衆教育組織から公立成人学校へと徐々に移った。たとえば、1968年に開講された全学習サークルのうち「産業経済・商業」を主たるテーマとするものは18％を占めていたが、1980年には1.7％にまで減少している（SCB 1986: 319）。

5 　かつて宮原誠一が「社会教育」概念による近代学校教育の相対化を提起したことも（宮原1950）これに通じるものとして想起されよう。

6 　ラーションらは〈学習サークルの文法〉の構成要素として、学習サークル運営における基本的な特徴を7点指摘している（Larsson et al. 1997）。①多様な年齢層からなる少人数のグループ。②参加者は互いに直接に対話をする。③週に一回程度の開催で、一回あたりの時間は概ね三時間程度。④自由意思に基づく参加。⑤参加者間の対等な関係。⑥学習の目的や内容について国家から干渉を受けない。⑦学習の成果が問われない。

7 　社会的弱者の学習権保障という課題に考察の重点を置くならば、そのような学習様式が「誰もがアクセスすることを拒まれない空間」としての「公共性（openness）」（齋藤2000: ix）を保障するかどうかも厳密に問われなければならない。

<引用参考文献>

ATTAC (2001=2001)『反グローバリゼーション民衆運動——アタックの挑戦』杉村昌昭訳、つげ書房新社

ジェルピ, E. (1983)『生涯教育——抑圧と解放の弁証法』前平泰志訳、東京創元社

ハミルトン, E. (1992=2003)『成人教育は社会を変える』田中雅文他訳、玉川大学出版部

Hughes, C. & Tight, M. (1998) "The myth of the learning society" in Ranson, S. ed., *Inside the Learning Society*, London: Cassell.

Jarvis, P. (2007) *Globalisation, Lifelong Learning and the Learning Society: Sociological Perspective,* London: Routledge.『生涯学習をめぐる権力——グローバル化する学習社会のゆくえ』太田美幸訳、新評論（近刊）

Johansson, I. (1990) *Striden om vuxenutbildningen 1962-1970: en folkbildares försvarstal,* Stockholm: Arbetarnas Bildningsförbund.

Larsson, S. (1995) "Folkbildningen och vuxenpedagogiken" i Bergstedt, B. & Larsson, S. red., *Om folkbildningens innebörder,* Linköping: Mimer.

Larsson, S. et al. (1997) "On the Significance of Study Circles" in *Education Comparata*, Årg.8, nr.26/27.

前平泰志 (2005)「グローバルとローカルな間で——言説をコンテクストにおき直すこと」『日本社会教育学会紀要』No. 41.

Mayo, P. (1999) *Gramsci, Freire and Adult Education*, London; New York: Zed Books.

宮原誠一 (1950)「社会教育の本質」『宮原誠一教育論集 第2巻』国土社 (1977年) 所収

OECD (1970) *Equal Educational Opportunity: A statement of the problem with special reference to recurrent education.*

OECD (1973) *Recurrent education : A strategy for lifelong learning.*

Olofsson, L. E. & Rubenson, K. (1985) *1970-talets vuxenutbildningsreformer: Reflexioner kring strategier och utfall,* Stockholm: Högskolan för lärarutbildning i Stockholm.

太田美幸 (2006)「スウェーデン民衆教育における移民たちの政治的文化実践」『日本学習社会学会年報』第2号

太田美幸 (2007)「『新しい社会運動』のなかの成人学習——スウェーデン女性運動によるラディカル成人教育の実践」一橋大学〈教育と社会〉研究会『〈教育と社会〉研究』第17号

齋藤純一 (2000)『公共性』岩波書店
SCB (1986) *Utbildningsstatistisk årsbok 1986,* Stockholm: Publikationstjänsten.
SOU (1971-60) 1968 års utbildningsutredning, *Universitetsstudier utan examen rapport till 1968 års utbildningsutredning sammandrag och kommentarer.*
SOU (1996-159) Utredningen för statlig utvärdering av folkbildningen, *Folkbildningen–en utvärdering: slutbetänkande.*
SOU (2004-30) Utredningen för statens utvärdering av folkbildningen 2004, *Folkbildning i brytningstid: en utvärdering av studieförbund och folkhögskolor.*
田中智志 (2004)「制度としての近代教育——正当化のグローバル化」田中智志編『教育の共生体へ』東信堂
Tyack, D. & Tobin, W. (1994) "The 'Grammar' of Schooling: Why has it been so hard to change?" in *American Educational Research Journal,* Vol.31, No.3.
吉田正純 (2005)「『世界社会フォーラム』と成人教育」日本社会教育学会編『グローバリゼーションと社会教育・生涯学習』東洋館出版社

<図書紹介>

ピーター・ジャービス (太田美幸訳)『生涯学習をめぐる権力——グローバル化する学習社会のゆくえ』(新評論、近刊)

個人の学習は社会構造によっていかに方向づけられているのか。グローバリゼーションの進展によって生じた新たな力学とはいかなるものか。グローバルな社会現象としての成人教育の興隆を、社会学・政治学・経済学・文化研究等の諸理論を駆使して分析している。

アントニオ・グラムシ (片桐薫編訳)『グラムシ・セレクション』(平凡社ライブラリー、2001年)

グラムシの提起した文化ヘゲモニーの概念によって、民衆文化の形成と実践が権力構造に及ぼす作用を見通すことが可能となった。「いっさいのヘゲモニー関係は必然的に教育関係」であるという指摘は、教育研究にも大きな課題を投げかけている。

マドゥ・スリ・プラカシュ／グスタボ・エステバ (中野憲志訳)『学校のない社会への招待——〈教育〉という〈制度〉から自由になるために』(現代書館、2004年)

近代教育の制度化が文化的暴力としての側面を有することを、近代を

拒絶する民衆文化の事例を紹介しながら看破した書。学校教育によって奪われてきたものを取り戻す実践は、世界各地で営まれている。

第5章　環境教育の挑戦

――英国：
近代の産物を問う思想

三谷高史

はじめに

　環境教育と呼ばれる営為の登場は、われわれの社会にさまざまなものを突きつけた。
　こういうと不思議に思われるかもしれない。しかし、世界的に見てもオーストラリアを中心として環境教育の持つ社会批判的性格についてはしばしば議論がなされてきた（フィエン 1993 = 2001 など）。そして、このような議論は環境教育誕生の地である英国でもおこなわれていた（Martine 1975: 21-22）。
　英国、とりわけイングランドを中心として、1970年代から80年代後半にかけて、都市計画にかかわる専門家と学校の教師らによって一風変わった環境教育の普及運動が展開されていた。その対象となったのは、いわゆる自然環境を対象とした環境教育ではなく、人間のつくり出した環境を主題とした、都市環境教育［Built Environment Education］と呼ばれるものであった。
　この都市環境教育の普及運動（以下英国都市環境教育運動と記す）の推進母体は都市田園計画協会（TCPA）という都市計画関連の団体内部に設置された、教育部会であった。TCPAは1901年に設立された、長い歴史を持つプレッシャー・グループである。この英国都市環境教育運動の登場は、2つの改革の要求をモメントとしていた。その

対象となったのはともに近代の産物であり、ひとつには近代教育制度、もうひとつには都市計画制度である。この2つの制度を対象とした改革の要求は、制度的刷新という形で結実することになるが[1]、英国都市環境教育運動の担い手たちはそれとは異なる次元で、2つの制度を批判し、問い直そうと試みていた。そして、この試みはある思想的基盤によって下支えされていたのだが、本稿はそうした思想的基盤の一部を検討することを企図している。

1 スケフィントンレポートと TCPA 教育部会

TCPA の教育部会は、当時の労働党政府による、あるレポートの発表を機に創設された。

1960年代、当時の英国都市計画法（1947年法）の問題点が全国各地で議論されていた。その問題点とは、求められる内容があまりに土地利用に偏重しており、さらにきわめて高い「詳細性」と「厳密性」が求められていたことである。しかも、その計画によって不利益をこうむる人に対して何の配慮も無かったことから、人びとの都市計画制度へ不満、改革の要求は高まっていった（ウィーラー 1998: 43）。この要求に対応すべく、当時の労働党政府に設置されていたスケフィントン委員会は、イングランド、スコットランド、ウェールズの都市計画担当大臣に、「地域の開発計画の作成段階における住民参加の確保」と、それを実現するための「最善の方法」についての考察と報告を求めた。その調査を基に制定された1968年法によって、開発を規定するデベロップメントプランはストラクチャープランとローカルプランの二層制に変更され、それまでよりも柔軟な運営体制がとられるようになった[2]。さらに、政府がデベロップメントプラン策定のプロセスにおいて、住民の意見を反映させることを義務付けたことも、注目されるべき事柄であった。全国からの報告

を受け、分析を終えたスケフィントン委員会は、スケフィントンレポート『人びとと都市計画』(1969) を世に送り出している。このレポートは、都市計画の立案プロセスに市民を巻き込むために、NGOの活動全般に社会的な意義を与えようとするものでもあった (Hardy 1998: 123)。TCPA は、その NGO の一つである。

　TCPA は 1968 年 10 月に全国会議を開催しており、そこでの議題は「人々のための都市計画」であった。この会議を機に TCPA は「子どもと都市計画」というテーマでの全国調査に乗り出す。この調査の報告書は多くの教育関係者、都市計画関係者に受け入れられることとなり、その後の政府によるスケフィントンレポートの発表を直接的な契機として、TCPA は教育部会を設置する。この教育部会が都市環境教育運動の中心的な役割を果たしていくことになるのだが、教育部会のメンバーはコリン・ウォードとアンソニー・ファイソンの二人であった。彼らは「1970 年代の TCPA の思想」の先駆者として位置づけられていた (Hardy 1998: 126-127)。この思想こそ、2 つの近代の産物――近代教育制度と都市計画制度――を問い直そうとする「試み」の基盤であったのだが、本稿では 2 人の中でもより多くのまとまった論考を残しているウォードの言説に注目して、この思想を検討することにしたい。

　ウォードの経歴はそれほど明らかにはなっていない。わかっているのは、1924 年生まれの地理学者で、教師としての訓練を受ける以前は幾つかの建築・プランナー事務所で働いていたこと。そして、政治的には急進主義だったが既存のどの政党を支持することもなく、1950 年代はアナキスト系週刊誌 *Freedom* の編集者であり、1960 年代は自宅のキッチンでアナキスト系月刊誌 *Anarchy* の編集をしていた、ということくらいである。ウォードは、*Anarchy* の編集の経験を基に、1973 年に *Anarchy in Action* を世に送り出す。このウォードの著作は、彼の思想が最も色濃く表れているものである。

2 ウォードによる都市計画制度批判——都市アナーキー

　彼はアナキズムを以下のように定義する。すなわち「アナキズムとは未来社会の思弁的な幻想とは全く異なり、日常生活の経験に根ざしたもので、我々の社会に支配的な権威主義的傾向をものともせず、それと並んで機能する人間の組織の様態を描写するものである」(Ward 1973a: p.18) と。つまり、ウォードは権威に拠ることなく社会的に機能している組織に関心を向けており、一方では権威によって成り立つ組織とその逆機能にも関心を向けていた。たとえば、英国の都市計画に関する現状について、ウォードは「省庁の都市計画担当者と投機好きなデベロッパーとが密接に関わり、役人が腐りデベロッパーは肥えるというような状況」(Ward 1973a: 59) だとか、都市の「変化と変革のプロセスが官僚機構と投機家によって、または両者が合体したものによってコントロールされることは避けられない」(Ward 1973a: 60) 状況であると評している。そうした状況の社会にあって、彼は「パトリック・ゲディスやエベネザー・ハワードのような初期の都市計画に関するイデオロギストの中に、都市改良と都市開発を目指し、そして実際の都市計画で地域主義的、地方分権主義的アプローチをとるための大きな大衆運動の希望があったことを我々は忘れている」(Ward 1973a: p.59) と指摘する。

　ウォードはこの「希望」を今一度、空想的ではなく、現実的に論じようとしていた。その時、彼はアメリカの社会学者リチャード・セネットに依拠することが多い。セネットは主著『無秩序の活用』の中で「高速道路、住宅再開発、都心部の再開発計画を担当する専門計画家たちは、そのためにほかの場所へ移されたコミュニティやコミュニティ・グループからの苦情を、社会再建のための努力に伴う必然的な部分としてより、むしろ計画そのもののもつ価値への脅迫として取り扱ってきた。——中略——計画家たちは、前もって提

出された企画としての都市計画の方が、人間生活の現実の流れのなかで生じる予知できない運動としての歴史的成り行きより『真実性がある』と思ってきた」(セネット 1970＝1975:8) と述べており、官僚制のもとでつくり出される都市計画がどんな社会的コンフリクトを生み出そうとも、ほとんど都市計画自体が問い直されることはないことを指摘し、批判する。

　ウォードもこのセネットの指摘に同調する。そして、ウォードは中世までそもそも都市は計画されるものではなく、都市計画に限らず「計画」というものは官僚制を前提とした近代以降の固有の科学知であり、ただ一つの計画が、ただ仕上がりさえすれば、満たされたとする科学であると見ていた[3]。たとえば、先述したように政府はデベロップメントプラン策定にあたって住民の意見を反映させることを義務付けたが、ウォードは「英国における都市計画の専門家の住民参加に対する解釈は、一度基本計画の策定を既に終えた上で、準備している内容を人々に知らせることであると単純に意味していた」(Ward 1973a: 61) と断じている。

　では、官僚や専門家ではなく、住民がすべて計画すればよいのだろうか。物理的環境だけでなく社会的環境もふくめて計画すればよいのだろうか。ウォードによればいずれの回答も NO である。もちろん都市計画における「主体」と「内容」が重要な問題であることは疑いようもなく、ウォードもその重要性を認めてはいる。しかし、それだけでは不十分だと考えていた。

　ウォードは独自の住宅再建計画を推し進めている公的な地位を全く持たないコミュニティ・グループの実例に注目していた。その計画は地方当局の計画と同様に有効なものであったが、そこには官僚制的な計画決定の仕組みは無く、さらに行政からの支援を受けずとも資金的に成り立っているものであった。ウォードはこれをアナーキーな組織とみなす。この実在するアナーキーな組織から、彼が導

きだしたのは、コミュニティの中につくられる「地域社会協議体」による「自治体共同体の分権化されたネットワークを通じての社会計画と社会管理」(Ward 1973a: 64) であった。そして、その「協議体」が大きくなり、知的に育つことが、「計画」が相対化された都市アナーキーへの一つの指標になると考えていた。ここでいう都市アナーキーとは、官僚制的都市計画とそれが作り出す空間とコミュニティの「純粋なアイデンティティ」(固定化された秩序)からの脱却が果たされ、「近隣住区にどのような出会いや葛藤が発生しても、近隣住区それ自身の性格において『受けとめる』ことができる」(セネット 1970=1975: 138-143) 状態である。

　ウォードは先のコミュニティ・グループは住宅協議体の段階にあるとし、その次の段階を「学区協議体」、そのまた次の段階を「学区内の諸施設を完全に管理する」こと、そしてその後にくるのが「学区間の連合」であると述べている (Ward 1973a: 64)。協議体が大きくなってゆくということはありえても、知的に育つなどというのはいささかナイーブな見通しかもしれない。そして大きく育ってゆく過程において、官僚制が採用される可能性も当然否定できない。

　それでもウォードは実在する組織に可能性を見いだし、都市アナーキーを実現可能なものとして論じようとした。そして、その実現可能性を高めうるものは、スケフィントンレポートが否定した「議論のエスカレーション」[4]であると述べている (Ward 1973a: 63-64)。コミュニティのいたるところで行われる、絶え間ない議論——それが「理解や協調関係の増大」につながらなくとも——によって「協議体」は大きく、そして知的に育つというのである。この「議論のエスカレーション」によって、「計画」は絶えず問い直される存在となり、修正されうる存在となる。そのような状態になってはじめて、都市とそこに住む人々は近代的な「計画」概念から解放されうると考えていたのだろう。

ウォードが批判し、問い直そうとしていたのは、都市計画制度における「だれが計画するのか」といった「主体」の問題でもなく、「何を計画するのか」といった「内容」の問題——これら「主体」と「内容」についての大なり小なりの「改革」は延々と歴史の中で繰り返えされてきた——でもなかった。それは、都市計画制度が拠って立つ、「計画」という近代科学概念の抜き差しならぬ権威性であった。

3　ウォードによる近代教育制度批判——脱学校論

　1960年代の英国（とりわけイングランドとウェールズ）では、「選ばれたエリート集団よりむしろ社会のすべての若者たちを教育すべきであるという、また、現代の経済社会はより多くの一層良い教育を受けた人々を必要としているという原理が具体化し実行され始めていた」（トムリンソン 2001=2005: 32）。そして、その「具体化」と「実行」——高等教育、中等教育機関の拡張、再編成やイレブンプラス（中等学校進学のための適正試験）廃止など——は、国家（中央政府）主導で行われた。すなわち、国家はそれまでよりも多くの人びとを、より長く学校に通わせようとしていたのである[5]。

　ウォードは *Anarchy in Action* の中で、都市計画制度批判を展開すると同時に、近代教育制度批判も展開していた。ここでのキーワードとなるのは脱学校論である。脱学校論は、英国都市環境教育運動にとって、極めて重要な——都市環境教育の主題の「コア」の一部をなすほどの——理論であった（Bishop/Adams/Kean 1992: 82）。いまさらいうまでもなく、脱学校論とは単純な学校廃止論ではない。いうなれば権力・権威と、それによって基礎付けられた公的制度から、人々の学びや育ち、そして社会そのものをも解放しようとする理論であった。

　ウォードが脱学校論を展開する時、かの有名なイヴァン・イリイ

チはもちろんであるが、アメリカの文明批評家であったポール・グッドマンの主張に拠ることが多い[6]。グッドマンは主著『不就学のすすめ』の中で「教育は共同社会の自然な機能であり、避けえないものである」(グッドマン 1964=1979: 22) としつつも、既存の近代教育制度の機能については、「学校の中で訓練されたあと、彼らは学校と同じ性質の職業や文化や政治の中へと進んでいく。これこそ、教育、非教育 (mis-education) であり、国家的規範への社会化であり、国家的『要請』への組み込みである」(グッドマン 1964=1979: 32) と断じている。

アメリカと英国の教育制度の性格——展開過程や思想的背景、国家との距離など——には違いはあるものの、ウォードもグッドマンの指摘に同調する。そして、「イングランドの1902年、1918年、1944年の各教育法は全て戦争の産物であり、市場においてでも軍事技術においてでも新しい国際的な衝突が起こるたび、ライバルの国々の間に、それぞれの国の教育システムの規模や程度に対する関心の新たな噴出を呼び覚ます合図となってきた」(Ward 1973a: 80) と指摘する。さらにウォードは、ウィリアム・ゴドウィンの国民教育 [national education] 批判 (Godwin 1793) に依拠し、全ての公的機関は恒久の観念を持っていること、国民教育の理念の根底には人間の心に対する無関心が存在すること、国民教育構想と国家権力とが強固な結びつきを持っていることの3点を批判する (Ward 1973a: 81)。

そしていきつく先は、人の育ちの空間を学校という空間が独占していること、そしてオルタナティヴが何も認められないことへの批判である。当時の英国では「イリイチが『定められたカリキュラムに義務として全日程出席を要求する、年齢別、教師主導のプロセス』と定義した、拘束服から脱出しようとする試みがいたるこころでなされていた」(Ward 1973a: 84) が、そのような試みの成功を拒んでいるのは、「公的体制の存在そのもの」であると批判する。なぜなら、

「公的体制」は、「財政を支える義務を負っている市民からあらかじめ選択権を奪って」(Ward 1973a: 84) いて、それゆえ、選択的余地があるといってもそれは個々人の限界所得によって決められているという不平等を生み出し、結果的にはほとんどの人びとが自らの意思とは関係なく学校に通わざるをえないという状況をつくり出すからであった。

　ウォードは実在する組織に注目しており、その実在を基礎として未来を思弁的ではなく現実的に語ろうとしたところに彼の思想の特色がある。ウォードは、近代教育制度を批判し、未来を現実的に語ろうとするとき、アメリカのフィラデルフィアで1970年より実施された「パークウェイ・エデュケーション・プログラム」について言及している。このプログラムでは、生徒 (14～18歳) は都市の中に整備された「地理的には区別された学校」に、選抜されることなく自らの選択――抽選で選ばれた8つの中からではあるが――で通うことができる。驚くべきことに、校舎は存在せず、コミュニティの一部にスタッフと生徒のためのロッカーが整備されたオフィス・ルームがあるだけであった。そして、生徒たちは動物園や博物館、そして職業の現場において様々な学習をおこなう。全ての教授はコミュニティの中で行われ、生徒たちが自ら希望する施設に関して行う調査は、すでに教育の一過程を成すものであったと述べられている (Ward/Fyson 1973: 5-6)。このプログラムは、都市全体を教育空間として利用しようとするものであり、グッドマンが「臨場教育」として定式化しようとした、「学校に代わる代替案」の6つの用件を満たすものであった[7]。

　学び手が、学ぶ時間を決め、学ぶ場所を決め、学ぶ内容を決める。これは、いわゆる自己教育活動となる。1960年代後半は、世界的に学生運動が広がった時期でもあったが、ウォードはこの学生運動での学生の経験さえも自己教育とみており、さらにウォードはこの

自己教育こそ「生きた教育」であると力説する。そして、都市のあらゆる空間が、自律的な育ちの空間・学びの空間となるように、そして誰もが自由にアクセスできるように様々な条件をそろえることが重要だと主張するのである (Ward 1973a: 86)。

つまるところ、ウォードが脱学校論に拠って批判し問い直そうとしたものは、近代教育制度がもたらした学校による「育ち」と「学び」の独占――「囲い込み」――であった。

おわりに

本稿は TCPA の 1970 年代の「思想」の担い手であったコリン・ウォードの言説を素材として、英国都市環境教育運動の思想的な基盤とその水脈を検討してきた。ウォードは脱学校論やアナキズム的主張を展開する時、代表的な論者 (たとえばイリイチやクロポトキンなど) だけでなく、ある特定の論者に拠る事が多い。そしてそれは主張を先鋭化するときに多く見られ、本稿においてはグッドマンでありセネットであった。

ウォードはこれまで述べてきたような思想の持ち主であったので、TCPA が彼の活躍の場である教育部会を設置するきっかけともなったスケフィントンレポートでさえ、彼にとって満足のゆくものではなかった。スケフィントンレポートが強調するものは、「大衆を教育して計画の権威を理解させること」(Ward 1973a: 66) であるとウォードは述べている。確かにスケフィントンレポートは、都市計画についての教育の実施は「すべての中等学校が子どもたちに、将来の市民としての義務を認識させる方法のひとつ」(Skeffington committee 1969: 43) となるとしているし、都市計画についての教育が「より高等の教育機関における自由・市民教育の一部」となるべきであると主張している (Skeffington committee 1969: 43)。既存の都市計画

が、官僚制の下でつくり出される「計画」である以上、それは権威を含むものである。そして、その都市計画についての知識や技術を伝達するということ、しかも、国家権力・公的体制によって担保された学校を通じて伝達するということは、ウォードにとっては二重に批判されねばならないものであった。

ウォードは、都市計画制度と近代教育制度における国家の影響力が強まっていく中、都市全体が育ちの空間となるように、人びとに都市を再認識・再獲得させることで、オルタナティヴを提出しようとしていた[8]。しかし、この英国都市環境教育運動はサッチャー政権による一連の改革と同時代的なものでもあったため、最終的にはその改革の影響——中央集権的管理教育の推進、英国全土に設立された都市環境教育のためのセンターの財政難による閉鎖など——によって終息に向かうことになる。

そして、また一方では、改革の一環としてのナショナルカリキュラム制定に連動する形で、1989年にはクロスカリキュラテーマのひとつとして環境教育が制定されるという事態も起こった（NCC 1990）。しかし、こうした制度化も英国都市環境教育運動の追い風とはならなかった（Bishop/Adams/Kean 1992: 81）。

つまるところ、サッチャー政権による改革は、ある性格の環境教育を衰退させ、ある性格の環境教育を制度化へと導いたのである。こうした状況は、環境教育の制度化が進む昨今では多く見る事が出来るだろう。もちろん、制度化とはいってもそのあり方や形式は様々である。それでも、どの環境教育のどの部分が高く評価され、制度化されるのかを読み解き、そのプロセスをつくりだす社会的力学とコンテクストと切りはなすことなく分析していく必要性が、よりいっそう高まってきているように思う。

本稿は英国をケースとして、そうした必要性に応えるための基礎的作業でもある。

<註>

1 近代教育、都市計画それぞれの制度の展開と人びとの受け止め方に関してはローソン＆シルバー（1973=2007）や中井・村木（1998）などを参照されたい。

2 ストラクチャープランとは、国全体の社会・経済計画の枠組みの中で住宅、雇用など区域の基本的な土地利用の構造と交通形態について、長期的な視点を持って策定されるプランである。ローカルプランとは、ストラクチャープランの枠組みの中で、より具体的で実際の開発規制の方針ともなるべきプランである。1947年法制におけるデベロップメントプラントは、図面に重点が置かれていたが、1968年法においては、計画書に重点が置かれており、決め細やかな計画の策定が可能となっていた。

3 このウォードの見解も数名の論者の影響を受けている。代表的なのは、都市をコミュニケーション・システムとして説明し、「計画」概念の特性を指摘したメルヴィン・M・ウェッバー（1964）などである。

4 スケフィントンレポートには以下のように述べられている。「情報と参加の機会を与えるという手続きは、議論のエスカレーションではなく、理解と協調関係の増大を導くものと理解する」(Skeffington committee 1969: 2)。

5 こうした意図はとりわけ第二次世界大戦中・後以降の教育改革に強く表れている。イングランドとウェールズでは1944年法によって、義務教育期間は5歳から15歳の10年間に引き延ばされ、さらに各地の教育委員会は自前の中等学校を用意せねばならなくなり、さらには全ての個人経営の私立学校は教育院に登録を行い、査察を受けねばならなくなった。すなわち、1944年法によって、ほとんどの教育機関が国家の管理下——その影響力は大なり小なりではあるものの——に置かれることになったのである。そして1960年代以降は、教育に対する国家の影響力はそれまで以上のスピードで大きくなってゆく。

6 例えば、Ward（1973）や Ward / Fyson（1973）などでもグッドマンの主張は引用されており、論が立てられている。グッドマンは、「環境教育のパイオニア」(Palmer 1998: 4) とされるパトリック・ゲディスの思想に強く影響を受けており、主著『コミュニタス』の中で「環境教育」という言葉を世界で最初に用いた人物としても知られている（ウィー

ラー 1998)。ウォード、ひいては英国都市環境教育に最も影響を与え
た思想家のひとりである。そして、あまり知られてはいないが、ゲディ
スもまた当時徐々に人びとを囲い込みつつあった学校に対して批判的
であった。自身が学校からの「脱落者」であったこともあり、自らの息
子たちも学校に通わせることは無く、ゲディス自身が彼らに対する「教
育」を計画し、実行した (Geddes 1925-1977)。
7 その6つとは「授業をしないクラスを」「校舎の無い学校を」「免許の無
い教師を」「強要しない出席を」「学校の分散化を」「農家に子どもを」と
いう用件であった (グッドマン 1964=1979: 44-48)。
8 ウォードは近代の産物である、近代教育制度と都市計画制度をそれぞ
れ批判し、問い直そうと試みたが、彼の中で二つの知的営為は独立し
たものではなく、不可分のものであった。紙幅の関係上、詳しく論じ
ることは別稿に譲らざるをえないが、ウォードの他の言説を見てみる
と、学校外、すなわち都市の中に育ちの空間を取り戻すための拠点、
そして「議論のエスカレーション」が行われる拠点を、同じものとし
て想定していたことが指摘できる (Ward 1973b など)。その拠点とは、
1970年代に英国全土に数多く設置された、タウントレイル(都市学習路)
と呼ばれた都市環境教育のための空間であり、アーバンスタディズセ
ンターと呼ばれた都市環境教育のためのセンターであった。

＜引用参考文献＞

Bishop, J & Adams, E & Kean, J, (1992) 'Children, Environment and Education: Personal views of urban environmental education in Britain', *CHILDREN'S ENVIRONMENTS*, Vol9 (1)

フィエン・J (1993=2001) 石川聡子／石川寿敏／塩川哲雄／原子栄一郎訳『環境のための教育——批判的カリキュラム理論と環境教育』、東信堂 (= *EDUCATION FOR ENVIRONMENT*: Critical Curriculum Theorising and Environmental Education)

Geddes, P. (1925-1977) 'The education of tow boy' *BEE* 80, TCPA

Godwin, W. (1793) *An enquiry concerning political justice, and its influence on general virtue and happiness*, Printed for G.G.J. & J. Robinson

グッドマン・P (1964=1979) 片岡徳雄訳『不就学のすすめ』、福村出版刊 [=*Compulsory Miseducation*, Random House Inc.]

Hardy, D. (1998) From *New Towns to Green Politics—Campaigning for town and country planning, 1946-1990*, E&FN SPON

ロースン・J、シルバー・H (1973=2004) 北斗研究サークル訳『イギリス教育社会史』、学文社 [= *A Social History of EDUCATION in England*, Methuen & Co Ltd. London]

Martine, G. (1975) 'A review of objectives for environmental education', Wheeler, K. & Martin, G. *Insight into Environmental Education*, Oliver & Boyd

中井検裕／村木美貴 (1998)『英国都市計画とマスタープラン――合意に基づく政策の実現プログラム――』、学芸出版社

National Curriculum Council (1990) *Curriculum Guidance 7: Environmental Education*, HMSO

Palmer, J. (1998) *Environmental Education in the 21st Century*, Falmer

Webber. M.M. (1964) *The Urban Place and the Non-Place Urban Realm in 'Explorations into Urban Structure'* Pennsylvania

セネット・R (1970=1974) 今田高俊訳、『無秩序の活用――都市コミュニティの理論――』中央公論社 [=*The Use of Disorder: Personal Identity & City Life*, Vintage Books]

Skeffington committee (1969) *People and planning*, HMSO

トムリンソン・S (2001=2005)、後洋一訳、『ポスト福祉国家の教育――学校選択、生涯教育、階級・ジェンダー――』、学文社 [=Tomlinson, S. *Education in a post-welfare society,* Open University Press]

Ward, C. (1973a) *Anarchy in Action*, Allen & Unwin

―――― (1973b) 'The Outlook Tower, Edinburgh: prototype for an Urban Studies Center', *BEE* 32, TCPA

―――― (1977) *The Child in the City*, The Architectural Press Ltd: London

Ward. C & Fyson. A (1973) *STREETWORK-The exploding school*, R & K

ウィーラー・K (1998)「イギリス環境教育私史」、藤岡貞彦編、『〈環境と開発〉の教育学』、同時代社

＜図書紹介＞――――――――
ジョン・フィエン (石川聡子／石川寿敏／塩川哲雄／原子栄一郎訳)『環境のための教育――批判的カリキュラム理論と環境教育』(東信堂、2001年)

環境教育のための批判的カリキュラム理論についての書である。ラディカルな主張をすればするほど、「ことばと現実のギャップ」は大きくなる。そうした環境教育のアポリアを乗り越え、カリキュラムや専門性

を開発するための理論的かつ体系的な考察が行われている。

ロジャー・ハート（木下勇／田中治彦／南博文監修、IPA 日本支部訳）『子どもの参画──コミュニティづくりと身近な環境ケアへの参画のための理論と実際』(萌文社、2000年)

本書の射程は学校だけにとどまらず、実際のコミュニティにおける活動（維持や管理、ケア）にまで広がっている。著者のハートは英国都市環境教育運動を高く評価しており、本書での実践例や実践方法論は英国のものをベースにして作られたものも少なくない。本書で紹介される理論や実践例、方法論はどれも環境教育が学校教育という枠組み中だけでは完結しないことを明快に語っている。

北村和夫『環境教育と学校の改革──ひとりの教師として何が出来るか』

（農文協、2000年）

環境教育にとって、近代教育システムや学校がなじみづらいことを指摘している。その上で、学校そのものの変革を志向しつつ、学校における環境教育では何が出来るのかについて論じられている。教師が環境教育という営為と正面から向き合おうとした時、どのような困難に直面するのかを教えてくれる良書である。

第6章　転換期の教師

——東ドイツ地域：
周辺化された教育実践　　　　　木下江美

1　転換期の教育をめぐって

教育改革と教師

　近代教育は、社会化と選抜という機能をもってひろく制度化されている。しかし、個別の制度には、地域や時代ごとにさまざまな形態がみられる。そのため、近代教育制度は、普遍的であると同時に社会－史的な個別性をおびたものだといえる（中内 1998 を参照）。

　この背後で近代教育をささえている思想の内部にある多様な価値は、転換期に突如として姿をあらわし、互いに拮抗する。それは、従来のひとりだちのあり方・させ方にかかわる思想がいったん崩壊し、それらにたいして再構築が求められることによる（関 1995: 19-22）。教育学はまた、転換期が社会や個人に求める価値の組み換えが、もっともラディカルに現れる領域である。それは、この領域が、迫りくる新社会で生きてゆかねばならない次世代にどう働きかけるべきかという問いにむきあうことを必至とするからである（Löw u.a. 1995: 8）。近代教育制度をめぐって、これは教育改革というかたちで顕在化する。

　近代教育が制度化される過程で、近代以前にあったさまざまな大人と子どもの関係は、学校を中心とする教育関係に組みかえられた（高橋 2004）。このとき、教師は「教える者」としての役割を一手に

担うこととなる。教育改革にともなって、教師の役割や教育実践は変更を余儀なくされる。そのため、転換期の教師に着目すれば、ゆらぎに直面する近代教育を内側からとらえることが可能となる。

本稿では、ドイツ民主共和国 (Deutsche Demokratische Republik, DDR) と統一後ドイツにおいてふたつの異なる近代教育思想にもとづいた制度 (Mitter 1992) を体験した東ドイツ地域の教師を主人公にして、近代教育の内側でおこっているうごきを探ってみよう。DDRでは、統一学校構想[1]のもと、単線型の学校制度が採用されていた。しかし、1989・90年の「転換」に端を発する教育改革により、分岐型中等教育制度――とくに後期中等教育段階では進度・重点の異なるコース制――が導入され、統一学校は姿を消した。この背景には、「転換」当初、東ドイツ地域では独自の改革路線が敷かれていたものの、最終的に西側の教育制度が模されるという、教育改革上「西化」とよべる現象があった (大野 2002、53 頁)[2]。くわえて、イデオロギー性の払拭や州ごとの教育制度の整備を、この時期の改革の特徴としてあげられよう (大野 2002)。

「転換」後、東ドイツ地域では、分岐制の導入によって、とりわけ低学力の子どもが集まる学校種で、教師が学力問題や校内暴力に対応しかねる状況が生まれた。また、青少年組織やクラブ活動など、ほぼ公的な課外活動がなくなったことにより、教師の授業時間外の過ごし方に変化が現れた (Hoyer 1996)。

この教育改革で教育制度の中心から周辺へとその位置づけを変えざるを得なかったのが、ロシア語という外国語科目である。次節では、この科目の制度的な変遷を追ってみよう。

DDR・東ドイツ地域におけるロシア語教育

ロシア語は、1946年の「ドイツの学校の民主化に関する法律」で第5学年からの必修外国語となった。ドイツ公教育史においては、

教育法で必修外国語が規定されたことはなく、ロシア語が教授されたこともなかった。そのため、早急な教授法の確立・教員養成・教材の作成が求められることとなった。教授法では、改革教育学およびワイマール期の外国語教育・ソ連の非ロシア語学校におけるロシア語授業がモデルとされた (Brandt 1996: 2, 9ff.)。これはまた、総合技術教育や公民科 (1957年までは現代科) に先だって導入された、DDR での新科目であった。

　1965年の「統一的社会主義的教育制度に関する法律」では、10年制の義務教育学校である総合技術上級学校 (Polytechnische Oberschule, POS) の第5学年から、ロシア語が週に 6～7時数教授されることとなった。学習目標として、積極的に言語を獲得する態度がかかげられ、読み・書きに比重をおいたカリキュラムが提唱された。第7学年からは、第二外国語科目 (主として英語) も導入された (それぞれ週3時数程度)。この段階では、一般的な文章、また大衆的だが学術的に組み立てられた文章の読み書きに加え、これらの外国語をとおした諸外国の人びととの理解が学習目標として示された。

　1970年代にはコミュニケーション能力の獲得に重点が置かれていたが、1980年代に入るととりわけ POS 高学年および後期中等教育にあたる拡大上級学校 (Erweiterte Oberschule, EOS) で、中心的な課題が読解能力の獲得へと移行した。これによって、表現能力の習得が教育・学習課題の中心から外れたものとみなされたため、のちにこの改革はロシア語教育の「停滞」といわれた (Kunze 1996: 65)。授業とは別に、ロシア語オリンピックなど各種競技会をめざした課外活動もひろくおこなわれた。

　1989年秋になると、DDR 各地で民主化運動が隆盛した。この動きは学校にも影響し、生徒によって「イデオロギー科目」がボイコットされることもあった。たとえば、公民科や、1978年以来必修科目とされた軍事教練がこれに該当する。ロシア語も、ソ連の言語で

あるため、ボイコットの対象となった。

　そして1990年のドイツ統一により、DDRがとりむすんだロシア語に仲介された国際関係は、EC/EUで用いられる言語を中心としたそれへと変更された。これにともなうカリキュラム改革を経て、ロシア語は第一外国語の座を英語・フランス語といった西ヨーロッパ諸語に譲り、主要科目ではなくなった。

　ロシア語が選択の外国語科目となると、授業時間数や履修者が減り、ロシア語教師の位置づけも変わった。政治・職業能力をめぐる審査で不適格と判断され、教職を継続することが不可能となった者もいた。担当科目を変更した者・変更を余儀なくされた者もふくめ、ロシア語教師の数は激減し、現在も減少を続けている（部分的な記述は以下に散見する；Weiler u.a. 1996）。ロシア語は、「転換」をとおして教育制度の中心から周辺に追いやられたのである。

教師のライフヒストリー

　こういった状況をふまえたうえで、ひとりのロシア語教師を主人公にして、その教育・社会をめぐる価値観に目をむけ、転換期ドイツの教育改革に直面した思想にせまってみよう。そのため、ある教師のライフヒストリーをとりあげ、教育実践の展開を考察する。ライフヒストリーとは、語り手がある時点で過去を解釈したものである（中野 1995）。ここにあらわれるできごとは、過去にたいする直接の証拠ではない。しかし、転換期のライフヒストリーを読みとくことにより、現在の語り手が認識している自身の社会的な位置づけとその変遷にたいする主観的な評価を導くことができる。

　教育学的関心にもとづくライフヒストリーは、人間形成のプロセスへの接近を可能にする（Schulze 1996）。教師のライフヒストリーをとりあげると、私生活領域も含めたさまざまな要因から、実践の全貌をとらえることができる（グッドソン／サイクス 2001=2006、とくに

第4章を参照)。

　次節では、1938年生まれの女性、Eさんのライフヒストリーをひもとき、彼女の教育思想を生きられたものとしてとりだしてゆく。彼女のライフヒストリーを再構築する資料として、市民によるある集まりで語られた自分史の原稿およびその下書き (2004年)、筆者によるインタビュー (2006年、08年)、彼女から貸借できた過去の記録をもちいた。分析に際しては、語りにみられる反復とバリエーションに重点をおいた (小林 1995)。そのうえで、これらを過去の記録と照合し、語りの背景を解釈した。

　この女性教師は、DDRでの教育機会をふんだんに活用し、そこで得た知や技術をもって「転換」後も教師として働いた。先どりしてライフコースに照らすと、この教師は、「転換」前にも職業上の路線変更をし、「転換」直後も失業の危機に直面していたため、転換期における職業的・社会的スキルの喪失に2度向きあわねばならなかった人物である。

　職業という観点で教師のライフヒストリーを検討したいくつかの研究からは、「転換」体験の多様性や連続・断絶が示されている (たとえば、Meister/ Wenzel 2001。また、次節で取りあげる人物のライフコースとかかわって、女性校長のライフヒストリーとしては Dirks (1996) を参照)。本稿では、DDR時代や学校外の生活も考慮しながら、転換期という舞台のうえで展開する教師のライフヒストリーを読みといてゆく。

2　ロシア語教師のライフヒストリー

　ライフヒストリーがいかなる歩みのうえにあるのか、時間的展開に即して彼女の制度的位置づけを理解するため、ここでは次頁にEさんのライフコースを示す (Schulze 1993)。

表：Eさんのライフコース（筆者作成）

年（年齢）	できごと
1938　(0)	北ドイツの農村に生まれる（4人きょうだいの第1子）
1945　(6)	国民学校に入学
1952　(14)	高等学校（EOS）に入学：汽車通学、奨学金
1956　(18)	教員養成（第一の学修；ロシア語、生物）
1959　(21)	DDR北部にてPOS教師として就職；結婚、翌年娘を出産
1967　(29)	EOSに異動
1968　(30)	大学通信教育（第二の学修；上級ロシア語、ディプロム学位取得）
1974　(36)	大学通信教育（第三の学修；教育学、ディプロム学位取得）
1977　(39)	ドレスデンへの転居・異動
1986　(48)	校長職を辞す
1992　(54)	ギムナジウムに異動・上級段階のロシア語授業を担当
1998　(60)	定年退職：現在は夫と二人暮らし

DDR時代のロシア語教育実践

　Eさんは子ども時代から、祖母の言語であるスラブ系言語の響きに興味を持っていたという。授業では、ロシア語の歌を歌ったりメルヒェンを読む活動を積極的に取り入れた。そうすることによって、生徒がロシア語の響きを味わうことができるようつとめた。たとえば、大学教員の夫のもとにソ連から客員研究員がきた場合、ロシア語の朗読をテープに吹き込んでもらったり、授業に招いたりして、母語話者のロシア語に触れる機会をつくった。彼女の授業実践の核には、つねに「話すこと」があった[3]。

　学校で彼女は、今どこを勉強しており、それができたら次になにができるようになるのか、子どもたちにはっきり示すことを試みた[4]。授業進度の調整が必要なときには、それを踏まえて授業計画表を書き換えた。これは、生徒への動機づけの方法でもあった。

　別の動機づけの方法として、教室のアレンジをあげることができ

る。教室は、彼女にとって授業の場というだけではなく、ロシア文化を伝える場でもあった。「だから、わたしのロシア語の教室には、サモワールとか、ロシアのものをたくさん置いていたわ。この教室に来れば、ロシアを感じられる、っていう場所を作ろうとしたの(06年インタビュー)」。この点は、彼女の退職時に教え子から届いた手紙でも確認できる(自分史原稿)。

　Eさんは、授業外の時間も生徒とのかかわりをもっていた。「わたしはたくさんの時間を子どもたちと一緒にすごしたの。放課後や週末にはね、生徒がうちに来たわ。うちで一緒に、ロシアの音楽を聞いたりしたわ(06年インタビュー)」。そこでは読書や、顧問だった「ロシア語クラブ」の競技会にむけた演劇の練習をした。Eさん夫妻の一人娘は、これら上級の生徒と一緒に活動をしたこともあり、早くからロシア語に親しんだ[5]。

　「放課後や休日の活動は、ほんとうに楽しかった。だからやっていたの。お金がもらえるとか、職階が上がるとか、そういう見返りがあったわけじゃあないの(06年インタビュー、08年にも同様のことを強調)」。クラブ活動は、DDRでは主として学期中におこなわれていたが、Eさんは生徒の要望に応じてこれを休暇中などにもおこなった。彼女のロシア語をめぐる活動は、学校や家族といった公私の領域をまたがって展開した。

　「わたしは学校で、教師として、いつも何かを変えたかったの。わたしは夫と同等でありたかったの。そして自分には、何かが足りないって思っていたわ(自分史原稿、06年インタビュー)」。Eさんは、大学教員の夫を前に、教師としての「能力不足」を常に感じていた。とりわけEOSに転任したのち、ロシア語の能力が不十分だと痛感し、大学の通信課程に入学した。その修了後も、校長として指導力を高めるため、教育学の通信課程も修了し、2つのディプロマをもつ教師となったのである[6]。

Eさんは教師としてロシア語の授業に喜びを感じていたと繰り返し述べる。彼女は、ひじょうに熱心な教師であり、また夫とのかかわりからも、再教育によって自身の能力を高めようと努めていた。彼女のライフヒストリーは、私生活をも巻き込んだロシア語教育への取り組みに重点をおいて語られており、職業をつよく意識したものといえる。

生徒との関係

ここではまず、最初に担任したある男子生徒をめぐるエピソードを取りあげたい。彼は単純労働者の母親のもと、貧しい家庭に育っていた。

> 「この子は、アイロンのかかっていないシャツを着ていたし、ことばの発達も遅れていた。だけど、彼は何者かでありたいとする子どもだった。だから、たくさん学びたい、かしこくなりたいと思っていた。ほかの先生たちは、彼はEOSに行くような生徒ではない、っていったわ。(……) だけどわたしは彼をつよく推したの (06年インタビュー)」。

Eさんと夫は、彼の家庭教師役を買って出た。彼はEOSから大学に進学し、弁護士となった。

このエピソードおよび、教会の子どもや勉強の不得手な子どもに関するエピソードから、生徒との関係をめぐるEさんの基本的なスタンスが見えてくる。これは、彼女自身の学校体験から生まれていたものといえる。労働者家族の子どもであった彼女は、奨学金など、国家による支援を得て勉学を継続することがかなった。こういった教育機会にたいする感謝の念が、ここでは重要な役割を果たしている[7]。

週末などに生徒が夫妻のうちに集まると、心理学研究者で元生物教師の夫も、生徒の求めに応じて生命や性、職業選択などについて、話をすることもあった。

生徒との密な関係を示すエピソードして、手紙のやりとりや同窓会など、卒業後のかかわりが多く語られる。最初に担任した学級（1960年）の同窓会（1997年）では、参加した教え子一人ひとりに、当時のエピソードを具体的に語って驚かせた。また、「ロシア語クラブ」の生徒とは、今日、友人としての親交がある。

Eさんの学校や教育機会にたいする考え方は、自身の学校体験から生まれているといえよう。また、彼女は、DDRでの教育機会付与や、その前提にある「平等」の思想に普遍的な価値を認め、賛同している。これが、生徒とのかかわり方を大きく決定づけることとなった。

「転換」をめぐって

1980年代後半、Eさんは政治的停滞を体験した。彼女はこの時期、校長としてめざす学校経営が実現できないと感じていた。

> 「わたしを取り囲む状況が、『おかしく』なっていった。（……）それまでは、『上から』やってくる国の規範と、『下から』わたしたちがすすめた（……）レベルの高い授業の間のバランスは、うまくとれていた。次第に、わたしは支持を得られなくなっていった。（……）戦う気力は、もうなくなってしまった（自分史原稿）」。

こうしてEさんは、1986年、学校長の職を辞したい旨を担当機関に伝えた。これが受理され、彼女はロシア語教師かつドレスデンの一地区で教科主任となった。

こういった前提のもと、彼女は1980年代末の民主化運動を迎えた。この運動について、「もちろん、わたしたちもその考え方には賛同していた(自分史原稿)」。しかし、彼女らは一連のデモには加わらなかった。「友だちと集まって話したわ。政治は悪くなってるし、適切な政府首脳が必要だって。でもそれは、デモをすることとは違ったの。わたしたちは、みんなでひざをつき合わせて、もっといい社会主義をつくろう、って話していたわ(06年インタビュー)[8]」。Eさんは、DDRでは人々が今日よりも平等に結びついていたと感じている。これは今日、彼女がデモに加わらなかった理由とされる。

　「転換」をめぐるもっともつらい体験は、1991年、同僚による拒絶に集約されている。「あなたは歓迎などされていない！(自分史原稿)」。数度にわたり、彼女はビラや公的な文書を通じ、こういった糾弾を体験した。そして解雇通知を受け取るのである。しかし、他の同僚や夫[9]に支えられ、なんとか異議申し立てをおこなった。のち、解雇は取り下げられ、Eさんは定年までロシア語教師として勤務した。課外活動も継続した。けれども、彼女の実践や仕事はDDR時代のような評価を得られたわけではなかった。「転換後はただの仕事よ(06年インタビュー)」。ロシア語も教職も、社会的な敬意の対象ではなくなったと彼女は感じている。

　　「わたしたちにとって、労働には大きな意味があったの。教師は、たくさんの評価を得ていたわ。転換まではね。(……)だけど、転換後、公的には評価されなくなったの。だれもわたしを［学校から］放り出さなかった。わたしに耐えていたの(06年インタビュー)」。

　今日、Eさんは、自らを典型的な東ドイツ女性だと表現する(自分史原稿)。彼女の学歴や職歴は、DDRにおけるライフコースの典

型というわけではない。しかし、DDR の労働のエートスなどに照らし、彼女は自らを典型だとみなしたのではないかと推測できる。

　Eさんは、「転換」前から、独自の授業実践を模索していた。「転換」後、ロシア語が社会的な重要性を喪失し、労働の意味が変化したため、学校や教育制度内では、教師としてのEさんや彼女の実践には、関心が集まらなくなった。しかし、ロシア語への関心、授業実践の面白さから、彼女は新たな教育制度内で自身の実践を実現できるよう、新しい語彙や教科書に向きあい、授業に取り組んでいったのである(08年インタビュー)。

　Eさんは、自身が教師としてかかわった二つの異なる近代教育制度で、不協和音を響かせた。一度目は、80年代に校長を辞すに至った過程、そして二度目は「転換」後にめざす実践ができなくなった時期である。彼女は、「転換」の前後にわたり、EOS とギムナジウムという、選抜の機能をつよく果たすエリート養成に迎えられていたにもかかわらず、納得できる実践を貫徹することには困難がともなっていた。

おわりに

　みてきたように、転換期には、ある教科・科目の教育制度内外での重要性が変化し、それにひきずられるかのように教師の位置づけが変わる。これは、その制度が位置づく社会での教師への評価とも深くかかわる。

　東ドイツ地域のロシア語教師は、「転換」によって教育システムの周辺に追いやられたが、教師自身の教育観や社会観は教育実践の根底にあり続けた。この価値観は、就職にいたるライフコースや私生活と大きくかかわったものである。ライフヒストリーからは、制度化された学校に支配的な教育観や社会観と、教師のもつそれとの

あいだに、齟齬が生まれ、それによって教師の位置づけが変化する過程が読みとれる。その結果、教育実践が周辺化された教師は、学校のなかに納得できる居場所を見つけることができなくなるのである。しかし、教師の実践とその背後にある思想は生きつづける。そこでは、新社会で無用とされているが教師が重要であると考える価値の取捨選択や再編成がおこなわれ、これをなんとか制度内でも貫徹させようという試みが絶えずおこなわれる。冒頭で述べた転換期の性格が色濃くあらわれるのである。

　興味深いことに、制度化された存在としての教師のライフヒストリーは、近代教育を内側から批判的に照射するだけではなく、制度からはみだした教育的価値をも照らしだす。個人の教育実践をつぶさに検討してゆくことで、近代教育が本来的に内包する問題とそれにたいするオルタナティヴの一端にふれることができる。日々の教育実践から発せられる不協和音に耳を傾ける作業は、制度化された教育の改革への契機や可能性、そしてその方向性を考えるきっかけをあたえてくれる。

〈註〉
1　ソ連占領地区時代の1946年に制定された学校法では、8年制の基礎学校が統一学校としてDDR学校体系の中心に据えられた。これは、1959年より10年制のPOS（95頁を参照）に拡大された。この背景には、教育機会の均等をめぐる独自の思想がある（Geißler 1991）。
2　Wilde（2002）によると、「転換」に端を発する教育改革が「西化」の波に飲まれたがゆえに、第2次世界大戦後のドイツでは、根本的な教育改革はなされていないという。DDR・東ドイツ地域の教育改革も、これを念頭に検討されるべきであろう。
3　Eさんによると、彼女が学んだ教員養成大学では、話すことに重点を置いたロシア語教育理論に依拠していた。この学修や自身の外国語学習へのイメージにより、彼女の実践では、読み・書きや文法は、話すための手段とされていた（08年インタビュー）。

4 DDR では指導要領が細部にわたって作成されており、自由裁量の余地がなかったと指摘されているが(Weiler u.a., 1996, S.45-46)、E さんは、指導要領を各現場に合わせていかに組みなおすかが、教師にとって最も重要な作業だという(08年インタビュー)。
5 課外活動に対する E さんら家族の協力については、生徒がまとめた「ロシア語クラブの歴史」という記録帳からも確認可能である。
6 「転換」に際して、初等・中等教育機関における教師の人的連続性は大きいが、第2次世界大戦後に「新教師」として短期間に養成された者、POS 低学年教師として養成された者の失業可能性は高かった。E さんは1968年にロシア語教師としてディプロムを取得しており、ギムナジウムへの異動(1992年)では、この資格が一定の役割を果たした。
7 DDR では、とりわけ「労働者と農民の子ども」に上級段階への教育機会を保障しようとしていた。E さんと夫もその恩恵を受けている。さらに、E さんは自身の知識・能力不足を常に気にかけていたため(実際にどうであったかはわからないが、彼女はこのように自己評価をしている)、この男子生徒の学びたいという意志に共感していたようである。
8 E さんは、80年代後半に DDR を席巻した改良社会主義に批判的なわけではない。むしろ、それを積極的に支持してもいる。ただし、彼女には DDR やマルクス哲学への信頼と傾倒があったため、反体制運動はしたくなかったのだろうと解釈できる。月曜デモは、その意味で、DDR 崩壊を目的とするものとみなされていたということか。
9 自分史の原稿では、夫について多くが語られている。インタビューでは、夫のみならず、娘の家族など、家族からの支援が強調される。E さん、夫、娘夫婦はともに「転換」の際に失業を体験しており、同様の社会観をもっていることがその背景にあると思われる。

＜引用参考文献＞

Brandt, Bertolt (1996) Die Methodik des Russischunterrichts in der DDR zwischen Bedrängung und Förderung. In: Frenzel, Bernhard/Konrad Schröder, (Hrsg.) *Russischunterricht in der ehemaligen DDR. Beiträge des Symposiums des Instituts für Slavistik der Martin-Luther-Universität Halle-Wittenberg.* Augsburg, S.1-20

Dirks, Una (1996) Von der Direktorin in der DDR zur Lehrerin in der BRD. In: Fischer, Dietlind/Juliane Jacobi/Barbara Koch-Priewe, (Hrsg.) *Schulentwicklung geht von Frauen aus. Zur Beteiligung von Lehrerinnen an Schulreformen aus professionsgeschichtlicher, biographischer, religionspädagogischer und fortbildungsdidaktischer Perspektive.* Weinheim, S.113-152

Geißler, Gert (1991) Zur Schulreform und zu den Erziehungszielen in der sowjetischen Besatzungszone 1945-1947. In: *Pädagogik und Schulalltag*, Nr.46, S.410-422.

グッドソン、アイヴァー／パット・サイクス (2001=2006)『ライフヒストリーの教育学――実践から方法論まで――』(高井良健一／山田浩之／藤井泰／白松賢訳) 昭和堂

Hoyer, Hans-Dieter (1996) *Lehrer im Transformationsprozess. Berufliches Selbstverständnis, soziale und professionelle Kompetenz von ostdeutschen Pädagogen im Wechsel der Schulsysteme.* Weinheim und München

小林多寿子 (1995)「インタビューからライフヒストリーへ――語られた『人生』と構成された『人生』――」中野卓・桜井厚編『ライフヒストリーの社会学』弘文堂、43-70頁

Kunze, Jörg (1996) Zu einigen Aspekten der Lesekonzeption im Russischunterricht an allgemeinbildenden Schulen (POS/ EOS) der DDR in den siebziger und achtziger Jahren. In: Frenzel/ Schröder, S.65-69.

Löw, Martina/ Dorothee Meister/ Uwe Sander (1995) Pädagogik zwischen Kontinuität und Wandel. In: Löw, Martina/Dorothee Meister/Uwe Sander (Hrsg.) *Pädagogik im Umbrich. Kontinuität und Wandel in den neuen Bundesländern.* Opladen, S.7-12.

Meister, Gudrun/ Hartmut Wenzel (2001) Biographien von Lehrerinnen und Lehrern nach 1989. In: Häder, Sonja/Christian Ritzi/Uwe Sandfuchs (Hrsg.) *Schule und Jugend im Umbruch. Analysen und Reflexion von Wandlungsprozessen zwischen DDR und Bundesrepublik.* Hohengehren, S.149-170.

Mitter, Wolfgang (1992) Education in Present-Day Germany: some considerations as mirrored in comparative education (July 1991). In: *Compare*. 1/22, pp.53-67

中野卓 (1995)「歴史的現実の再構成――個人史と社会史――」中野・桜井編、191-218頁

中内敏夫 (1998)『教育思想史』岩波書店

大野亜由未 (2002)『旧東ドイツ地域のカリキュラム改革――体制の変化と学校の変化――』協同出版

Schulze, Theodor (1993) Lebenslauf und Lebensgeschichte. Zwei unterschiedliche Sichtweisen und Gestaltungsprinzipien biographischer Prozesse. In: Baacke, Dieter/ Theodor Schulze (Hrsg.) *Aus Geschichten lernen. Zur Einübung pädagogischen Verstehens.* Weinheim und München, S. 174-226.

Schulze, Theodor (1996) Erziehungswissenschaftliche Biographieforschung. Anfänge–Fortschritte–Ausblicke. In: Krüger, Heinz-Hermann/Winfried Marotzki (Hrsg.) *Erziehungswissenschaftliche Biographieforschung.* Opladen, S.10-31

関啓子 (1995) 「教育思想史研究の可能性」『一橋論叢』第114巻第2号、19-35頁

高橋勝(2004)「人間形成における『関係』の解読」高橋勝/広瀬俊雄編著『教育関係論の現在』川島書店、1-38頁。

Weiler, Hans N./ Heinrich Mintrop/ Elisabeth Fuhrmann (1996) *Educational Change and Social Transformation: Teachers, Schools and Universities in Eastern Germany.* London and Washington, D.C.

Wilde, Stephanie (2002) Secondary Education in Germany 1990-2000: 'one decade of non-reform in unified German education'? In: *Oxford Review of Education.* Vol. 28, No.1, pp. 39-51.

＜図書紹介＞
中内敏夫『教育思想史』(岩波書店、1998)
　社会史の方法によって近代の教育史を研究する著者による、教育思想史の入門書。近代以前からの「教育」にかかわる概念を検討することをとおし、近代教育が、各地域や時代の課題とかかわりながら、巧みに制度化されていくようすが描かれる。

高橋勝／広瀬俊雄編著『教育関係論の現在』(川島書店、2004)
　近代学校制度におしこめられた教育関係を、その内外に広く形成されるものととらえ、「関係」という分析視角から教育問題を考察した論集。また、社会史的方法として、この書にも執筆している宮澤康人の著書も参考されたい。

アイヴァー・グッドソン／パット・サイクス(高井良健一／山田浩之／藤井泰／白松賢訳)『ライフヒストリーの教育学──実践から方法論まで』

(昭和堂、2006年)
カリキュラム研究に歴史的観点を取り入れることをめざしたライフヒストリー研究の入門書。日本語で読めるライフヒストリーをもちいた教育学研究の意義・方法論にかかわる数少ない著書のひとつであるが、近代教育を批判的に考察するための契機が多くとりあげられている。

第7章　構築される「教育問題」

――マレーシア：
　　多民族国家の隘路

奥村育栄

1　構築されたものとしての「教育問題」

　近代学校教育は、「よい生き方を規定する人びととそのようにはできない人びととの区別」(関 2004: 28) を作り出しながら生成発展してきた。そうした教育の生成発展に、「教育問題」を論じることを通じて寄与してきたのが教育研究者であった。教育研究者は何が最も重要な「問題」であるかを診断し、専門家の立場から原因と処方箋を論じ、時に政策提言をも行ってきた。社会問題研究において構築主義を提唱したキツセらは、社会を客観的に診断し因果を論じる従来の研究が科学の外見を装った研究者の価値を暗黙裡に反映しており、「社会学者は社会の良心であり保護者であるというイデオロギー的に大いに問題のある役割を隠蔽」(キツセ／スペクター 1977=1990: 59) してきたとして、これを批判的に乗り越えようとした。本稿ではこの構築主義の視点から、マレーシアにおけるインド系住民の「教育問題」に関する先行研究を考察し、「教育問題」を論じる過程でいかに知が編成され、教育関心が方向づけられてきたのかを明らかにする。

2 学校教育の生成とその後の展開

　本稿でとりあげる「教育問題」の具体的事例は、マレーシアにおいてインド系住民[1]——そのなかでもとりわけ低所得者層が経験しているとして問題視されてきたものである。インド系住民の教育に関する先行研究では、タミル語学校の生徒たちに成績不振や中途退学の問題が頻発し、学校教育において成功できない者が多いことが問題視され、その要因を解明することが主たるテーマとされてきた。議論を進める前に、マレーシアにおけるインド系住民の教育がどのような状況のもとに展開してきたのかについて、その概略をまずおさえておきたい。

　マレーシアは多民族・多言語・多宗教社会である。それは、この土地に住んでいたマレー人などの諸民族のほか、英領植民地時代に大量に流入した中国とインドからの労働者が、後にこの土地に定住したことにより形成された。植民地時代に当地に設立され始めた学校には、少数のエリートが通う都市の英語学校と、大衆が通う母語学校——マレー語、華語、タミル語学校とがあった。インド人の多くは南インド出身のタミル人で、タミル語を母語としていた。彼らは主としてゴム・プランテーションの農業労働者として住み込みで働いたため、タミル語学校の多くは雇用主がプランテーションの敷地に設置したものであった。しかし、労働力の確保と維持の目的で学校を設置した雇用主の多くは「不承不承の後見人」(Arasaratnam 1970: 179) でしかなく、タミル語学校の多くは学校としての体をなしていなかった。

　英領からの独立 (1957年) が迫ると学校教育の制度化が進められ、タミル語学校も他の学校とともに、公立学校として制度に組み込まれていった。こうして多民族からなる新生国家がスタートしたが、マレー人は多数派でありながら、社会進出において華人にかなりの

後れをとっていた。1969年に発生した人種間対立で非常事態が宣言されると、マレー人の劣勢を挽回し社会構造をドラスティックに再編すべく、マレー系住民を主な対象とする優遇政策が推進された。この頃英語学校がマレー語学校に転換されたが、それもこうした動きの一環であった。こうして、マレー語を教育用語とする学校をメインストリームとし、初等段階にのみ華語・タミル語学校が併存する現在の教育体系が確立された。政府の後援で様々にその利益が擁護されることとなったマレー人に対し、非マレー人は不利な立場に立たされた。華人はそうした状況においても、コミュニティの財源と自助努力で子どもたちの教育を積極的に支え続け、公立・私立双方の華語学校を維持し発展させてきた。

このように、学校教育が生成・展開するなかで、低所得者層を中心とするインド系住民の「教育問題」とはいかなるものとして説明されてきたのだろうか。本稿では、多数の論稿があるマリムトゥ（T. Marimuthu）[2]を中心に、先行する研究でインド系住民の「教育問題」がどのように構築されてきたのか、そしてそのことがどのような社会的意味を有するのかを考察する。まず「教育問題」を論じる前提として、そもそも学校教育がどのようなものとしてとらえられてきたのかを次にみていきたい。

3　学校教育にかける期待

従来の研究には、社会階層の最底辺で貧困に苦しむプランテーション労働者の子どもたちが、学校教育を介して社会的上昇移動を実現し、貧困から脱却することへの期待がみいだされる。逆に言えば、彼らが学校教育から早期に脱落するということは、世代を越えた貧困のサイクルから抜け出せないことを意味する、という共通認識があった。

従来の研究が学校を介した子どもたちの社会的上昇移動にこだわるのは、タミル語学校が位置しかつ労働者たちの職住を兼ねた生活圏でもある、プランテーションという特殊な環境のためでもあるだろう。プランテーションでの生活とは、その外側に広がる社会から孤立し隔離された空間で、労働者たちの貧しく抑圧された人生が完結する場としてとらえられてきた。そうした独特のありようは、プランテーション労働者に関する研究では必ずと言って良いほど、ゴッフマンの「全制的施設 (total institution)」(ゴッフマン 1961=1984) になぞらえて表現されてきた。そして学校教育とは、労働者の子どもたちがプランテーションでの生活から脱出する唯一の手段とみなされていた。しかし植民地時代のプランテーションでは、学校に全く通わないかあるいは小学校を低学年で退学し、その後父母と同じくプランテーションの労働力として、固定的な階層構造の最底辺に吸収されるのがごく一般的であった。独立時から今日に至る過程で不就学や小学校中退は減少したが、中等段階での成績不振、中途退学、少年非行などの問題行動が指摘され、学校教育における成功は現在もインド人社会の課題として常に言及されている。

　近年では、プランテーションの閉鎖による解雇に伴い、都市へ流出する労働者が増えている。だが、特別な技術をもたないまま都市へ移り住んでも貧困と困難な生活状況に改善はみられず、「都市の貧困」がインド系コミュニティの新たな「問題」として注目されている。こうした事態の打開に向けて、インド系の民族政党や NGO などは、子どもたちの学校教育における成功を後押しすべく様々な活動を実施している。そうした活動や、インド人低所得者層個々人による子どもの教育に向けた努力には、上述の研究同様、厳しい現状からの脱却を目指すうえで学校教育にかける期待を読みとることができる[3]。それでは、こうした期待を前提としつつ、先行する研究において「問題」がどのように構築されてきたのだろうか。

4 何がいかに「問題」なのか──機能的な「問題」の定義

「教育制度全体のなかで最も規模が小さく最も貧しい」(Marimuthu 1984: 269) タミル語学校は、その多くが「適切な校舎、十分な教室、グラウンド、トイレ設備、図書室などの基本的な設備すら欠いて」(Marimuthu 1984: 269) おり、その教員たちは訓練が不十分で士気の低さなどの面でも問題がある、といったことが指摘されてきた。

「プランテーション労働者の子どもたちにとって教育は、あたかも職業的移動に関して機能不全であるかのようだ。教育は社会的エスカレーターとして機能していない」(Marimuthu 1971: 93) として、前述のような望ましくない状態にあるタミル語学校が子どもたちの社会的上昇移動を実現しないばかりか、むしろプランテーション産業のために安価で従順な労働力を再生産し供給していることが「問題」だとされてきた。生徒たちの大半が低い社会階層に参入するのは、学校の文化や環境、隠れたカリキュラム、教師の態度や期待といった、タミル語学校の性質や組織的特性に関係があると主張するマリムトゥは、労働者にふさわしい態度を生徒たちに教え込むタミル語学校の機能を、ボウルズとギンタスの対応理論を用いて批判している (Marimuthu 1993: 479-480)。

このように、労働者を再生産するタミル語学校の機能は厳しく批判されているが、その批判はあくまでもタミル語学校に対するものであり、近代学校教育のあり方そのものには向けられていない。マリムトゥによる植民地時代の教育状況に関する説明において、英語学校があたかも理想的な学校であるかのごとく描かれていることからも、タミル語学校が物理的・質的に改善されて英語学校のような「理想的な」状態になれば問題は解決される、との想定があるように思われる。マリムトゥは、タミル語学校の質を向上させることによって、生徒達の学業達成を促すことは可能であるとして、生徒一

人当たりの支出を増やし、より多くの教材を提供し、校舎の質を向上させ、図書館を広くし、就職前と現職での訓練によって教員の質を向上させること、などを主張している。こうした学校改善の要求は、「子どもたちの人生において学校は違いを生み出せるという信念」(Marimuthu 1993: 481)にもとづくものであった。

5　何がいかに「問題」なのか——規範的な「問題」の定義

　マリムトゥは、タミル語学校に関する議論のほかに、タミル人父母の教育に対する意識についても自らの調査結果をもとに論じている。そこでは、貧しい親たちも高い達成価値、熱意と向上心、教育に対する適切な態度を有するので、子どもたちの学校教育での失敗には別の説明が必要だとされている。ただし、こうした父母の熱意と実際の状況との間には大きな隔たりがあることから、子どもたちを不利な状況から脱出させることへの切望が彼らの態度や熱意に反映しているとの見解が示されている (Marimuthu 1986: 348)。つまり調査で示された教育への高い熱意には、教育を社会的・経済的問題の多くを解決する「希望のお守りや成功のシンボル」(Marimuthu 1986: 355)とみなし、現実的な達成可能性を越えた父母たちの期待が込められている、というのがマリムトゥの理解であった。

　このように、父母の意識に焦点をあてたマリムトゥの論稿では、現実から離れた父母の思いが反映している可能性を示唆しつつも、彼らの教育に対する認識や態度は全般に肯定的にとらえられている。だがそれ以外の論稿では、これとは一貫しない記述も散見される。例えば、ブルデューとパスロンによる文化資本の概念を用いた次のような記述がある。

　　　　家庭の文化資本もまた乏しい (low)。多数のプランテーショ

ン労働者を含む労働者階級を対象とした筆者の調査によれば、ほとんどの親は不就学か小学校中退で、新聞を毎日読むのは3分の1程度で、約60％の家庭では教科書以外の本がなく、22％の家庭では1〜9冊の本を有するのみだった。これは明らかに、家庭の教育環境が貧しいことを示している (Marimuthu 1984: 268、Marimuthu 1993: 472)。

プランテーション出身の子どもの大部分には、家庭での知的刺激が欠如している。父母の教育に対する関心は低く、勉強に適した場所はなく、家庭は人で混雑し、騒がしく、薄暗い。家庭では補習塾や家庭教師 (coaching) のような、追加的な教育的支援もない。学校で有利に働く文化的・知的資本を欠いた家庭出身の子どもたちの多くは、父母の価値観、熱意、動機を学校へ持ち込む。家庭の「貧困の文化」と学校の乏しい設備とがあいまって、絶望的としか言いようのない教育的環境を形成している (Marimuthu 1984: 268)。

　ブルデューらによる文化資本の概念とは本来、それを介して近代的な学校教育がいかに権力関係を再生産しかつ隠ぺいしてきたかを鋭く批判するものであった。だがマリムトゥの議論では、そうした社会批判に向かう鍵概念としての力強さを削ぎ落とされただけでなく、学校教育に適合的な中産階級的文化の視点から、プランテーション労働者の家庭にそうした望ましい文化がいかに欠けているかを計る指標に格下げされている。つまり、マリムトゥの議論では、父母たちの教育に対する意識と家庭の状況は、子どもたちの教育的成功に資するとマリムトゥが想定する近代的態度や状態であるか否かという観点から評価が下されていると言えよう。

6 主流化した知を脱自然化する

　機能による定義では社会が有する共通の目標にとって逆機能（マイナスの機能）を果たす事柄が「問題」とされ、規範による定義では社会で広く共有された規範に照らして「問題」が同定される。この機能主義的・規範主義的な「問題」のとらえ方では、「問題」とされる状況は既存の社会が健全に機能するうえでの障害や病理や逸脱であり、そこから導かれるのはそれを取り除き、治療し、適切化をはかるなどの現状維持的な対応となる。つまりそこには、社会の現在のあり方を批判的に問い直す契機は含まれていない。

　本稿で考察の対象とした先行研究では、学校教育の既存の枠組みと目指されるべき価値としてのそこでの成功を前提としたうえで、タミル語学校やその教員や父母たちがそうした価値の実現にとって望ましい状態になく、それゆえに、子どもたちの成功が妨げられているということが問題視されていた。言い換えれば、タミル語学校や教員や父母たちが適切で望ましい状態になれば、学校教育を介した社会的上昇移動が達成され、インド人低所得者層が長年経験してきた貧困や困難な生活状況からの脱却が実現しうる、ということが示唆されていた。

　西欧諸国にみられるような、圧倒的に優勢な多数派の文化や言語、生活様式によるマイノリティへの強烈な同化圧力が希薄な（杉本 2005: ii）マレーシアでは、民族的・言語的・宗教的に多様な人びとが、社会階層とも絡み合う複雑な力関係を織りなしている。そうしたなかで学校教育は、権力の配分を調整し民族間の力関係を変更しうる場とみなされ、そこで目指されるべき「よい生き方」をいかに規定するかが常に争われてきた。英連邦諸国などの英語圏、台湾や中国、ムスリム諸国など様々な文化圏の教育機関とも接続しながら展開してきた当地の学校教育は、そうした文化圏との影響関係に

あるとともに、先進国化を目指す国家目標のもとで資本主義や近代化のイデオロギーにもさらされてきた。植民地時代に始まった近代学校教育は、このように西欧諸国とは異なる条件のもとにあっても当地にしっかりと根を下ろし、自らを刷新しつつ独自の展開を遂げてきた。

こうした複雑な状況のなかで、本稿で考察したような仕方で構築された「教育問題」は、タミル語学校やその教員やインド人低所得者層の人びとを、学校教育の既存の枠組みのなかで自らが「適切な状態」となるべく努力し、そこでの成功を目指すよう方向づけてきた。それはつまり、近代学校教育に多様な人びとを包摂し、学校教育の既存の枠組みを強化することに貢献するものであった。

本稿では、「教育問題」を構築されたものとしてとらえ直して脱自然化することにより、それを語る言説がどのような「あるべき姿」を想定しているのか、そうした言説が何を成し遂げようとしているのかを浮上させようと試みた。そこから見えてきたのは、「教育問題」を論じる言説が近代学校教育の根強さをいかに支えてきたのかということであった。こうした作業を経ることにより、近代学校教育の浸透と拡大に伴う葛藤のその先を見据えることへと踏み出すことが可能になるだろう。

＜註＞
1　国民全体に占めるインド人の割合は7.5％、それ以外はブミプトラ65.5％（マレー人53.8％、その他ブミプトラ11.7％）、華人25.6％、その他1.3％である（Department of Statistics, Malaysia 2004: 51）。なお、「ブミプトラ（Bumiputra）」とは「土地の子」という意味で、当該地域での先住性を根拠にマレー人と先住少数民族を範疇化したものである。
2　マリムトゥはマラヤ大学教育学部に所属する研究者であったが、現在はインド人民族政党（マレーシアインド人会議）の教育部門で責任者を務めている。教育社会学のテキストを執筆したり、政府による教育報

告書の作成に委員として加わるなどの経験がある。
3 プランテーション労働者として働く父母や子どもたちの努力の方向性が、学校教育における成功に向かう具体的な様子については、別稿(奥村2006)を参照されたい。

<引用参考文献>

Arasaratnam, Sinnappah (1970) *Indians In Malaysia and Singapore: Revised Edition*, Kuala Lumpur: Oxford University Press

Department of Statistics, Malaysia (2004) *State / District Data Bank: Malaysia 2003*, Putrajaya: Percetakan Nasional Malaysia

ゴッフマン, E. (1961=1984)『アサイラム──施設被収容者の日常世界』石黒毅訳、誠信書房

キツセ, J. I.／スペクター, M. B. (1977=1990)『社会問題の構築──ラベリング理論をこえて』村上直之／中河伸俊／鮎川潤／森俊太郎訳、マルジュ社

Marimuthu, T. (1971) Education, Social Mobility and the Plantation Environment: A Proposal for Enquiry, *Jurnal Pendidikan*, Vol.2, 86-94

Marimuthu, T. (1984) Schooling as a Dead End: Education for the Poor Especially the Estate Children, S. Husin Ali (ed.) *Ethnicity, Class and Development, Malaysia*, Kuala Lumpur: Persatuan Sains Social Malaysia, 265-273

Marimuthu, T. (1986) The Educational Experiences and Expectations of an Ethnic Minority Community in Peninsular Malaysia, Lars H. Ekstrand (ed.) *Ethnic Minorities and Immigrants in a Cross-Cultural Perspective; Selected Papers from the Regional IACCP Conference, Ethnic Minority and Immigrant Research, held in Malmö, Sweden June 25-28, 1985,* Berwyn : Swets North America, Lisse : Swets & Zeitlinger, 344-356

Marimuthu, T. (1993) The Plantation School As an Agent of Social Reproduction, Sandhu, K.S. & Mani, A. (eds.) *Indian Communities in Southeast Asia, Singapore:* Institute of Southeast Asian Studies, 465-483

Marimuthu, T. (2008) Tamil Education: Problems and Prospects, Ibrahim Ahmad Bajunid (ed.) *Malaysia: From Traditional to Smart Schools: The Malaysian Educational Odyssey*, Oxford Fajar（draft version）

奥村育栄(2006)「ある労働者夫妻の人生の軌跡と次世代の育み──マレーシアのインド人プランテーション労働者に着目して」『<教育と社会>

研究』16、48-56
奥村育栄 (2008)『マレーシアにおけるインド人労働者家族の教育問題
　──秩序の維持に果たすイメージの役割』一橋大学 (博士論文)
関啓子 (2004)「権力と人間形成」田中智志編『教育の共生体へ──ボディ・
　エデュケーショナルの思想圏』東信堂、27-44
杉本均 (2005)『マレーシアにおける国際教育関係──教育へのグローバ
　ル・インパクト』東信堂

＜図書紹介＞

J. I. キツセ／M.B. スペクター（村上直之／中河伸俊／鮎川潤／森俊太郎訳）『社会問題の構築──ラベリング理論をこえて』(マルジュ社、1990年)

　構築主義の考え方を理解するうえで、それがなぜ提唱されねばならなかったのかを知ることは重要であるだろう。本書では、従来の社会問題の社会学やラベリング理論の何が批判され、どう乗り越えるために構築主義が提唱されたのかが丁寧に説明されている。

ヴィヴィアン・バー（田中一彦訳）『社会的構築主義への招待──言説分析とは何か』(川島書店、1997年)

　社会心理学の研究者による構築主義の入門書で、提示された事例もわかりやすい。言説空間で展開される権力関係の読み解きに、構築主義がいかに有効であるかが理解できる。

草柳千早『「曖昧な生きづらさ」と社会──クレイム申し立ての社会学』(世界思想社、2004年)

　人びとの感じる生きづらさが、社会の現状に変更を迫る「問題」として立ち上がることをいかに阻まれるのか、そこに働く社会的諸力のせめぎあいとはどのようなものなのかを、構築主義の視点を用いて読み解いたものである。日本での夫婦別姓の是非をめぐる議論などを用いた説明であるゆえに、わたしたち自身が日々のありふれた会話のなかでいかに「問題」の構築に関わっているのかに気づかされる。

第8章　グローバル化のもとでの
　　　　　国民教育制度の構築

——コーカサス：
　　国民教育づくりの実験場　　　　　　関　啓子

1　コーカサスにおける国民教育制度の構築

教育政策の方向付けをめぐるアリーナ

　コーカサスといえば、何を連想するだろうか。北コーカサスのチェチェン紛争、トルストイの「コーカサスの虜」が思い出されるだろう。バクーの油田、あるいは石油と天然ガスのパイプラインだろうか。コーカサスをまっとうに評価したロシア作家は少なく、有名な作家ではトルストイくらいであることが、コーカサスが西洋文化にはない何かを有した地であることを示唆している (関 2002: 16-17)。黒海とカスピ海にはさまれた非ロシア領南コーカサス (以下、コーカサス又はコーカサス諸国とする) はまさしく東西文化の十字路に位置し、現在は石油をめぐる国際戦略の舞台である。

　これらの地域は、ソ連時代にソヴェト教育のもとで、教育の近代化を経験した。まず、学校網の整備・拡充と識字率の向上、教育の世俗化が達成され、科学進歩が追求された。モスクワで立てられた教育政策や制度が、コーカサス (アルメニア、グルジア、アゼルバイジャン) でも実施された。教科書もロシアの研究者が執筆する場合が多かった。中央集権的な教育行政のもとでコーカサスでも、教育の量的拡大が達成された (Salimova 2000: 42-61)。

　アルメニア、グルジア、アゼルバイジャンは1991年の独立後、

教育改革に取り組み、新しい教育制度を打ち立てた。これらの独立国家の国民教育制度は、国外からの援助・支援を受けながらつくられることになった。これが、グローバル化のもとでの国民教育制度の構築という歴史的実験の実態である。

コーカサスには、ロシアはもとよりヨーロッパ諸国とアメリカなどの大国が、さらには世界銀行やユネスコ、ユニセフなどの諸国際機関も、加えて国際NGO等が教育開発に参加し、結果として教育政策の方向付けをめぐるアリーナがつくられた。ユネスコなどによる調査が行われ、西洋的な教育の近代化路線の必要性が根拠づけられ、教育改革が方向づけられた。

アゼルバイジャンにおけるパイロット教科書の作成には世界銀行が融資をしている。グルジアの中等教育改革は世界銀行の借款で進み、援助が政策に反映した見本をみる思いがする。グルジアの文部行政の責任者(次官)は、2006年に実施したインタビューに答え、もっぱらヨーロッパやアメリカから援助を受けていると語った。アメリカ合衆国が資金を出すプロジェクト・ハーモニーは、コーカサスの3カ国にIT化支援を行い、アルメニアとアメリカの間での教師などの人材交流も実施している。

コーカサス諸国における教育政策のタピストリーは、西洋的な教育の近代化の糸ばかりでなく、教育の国際基準化の糸も綯い交ぜになって織られている。アルメニアは国際教育到達度評価学会による学力調査TIMSS2003に参加しているし、アゼルバイジャンは、非OECD国だが、2006年のPISA（OECDによる生徒の学習到達度調査）に加わった。

コーカサスの教育関係者にインタビュー調査を行えば、彼・彼女たちはボローニャ・プロセスへの参加について進んで言及する。「自然に」国際基準化に対応している様子が窺われる。

第1章で言及したように、支援される側は、支援側の教育支援の

まなざしに応えなくてはならないから、どうしても教育政策や制度が、支援側の設定する教育の価値づけに影響される。それでは、教育政策を、いやいやながら支援側のよろこぶように立てているかといえば、そうではない。進んで支援側の働きかけに応じている。

西洋的な教育の近代化への問い

　素直に教育の西洋化と国際基準化に馴染んでいる姿にやや不思議な感じさえ覚えるのは、コーカサスの人々には民族の独自性を誇示してきた歴史があるからである。

　コーカサス諸国のうち、特にアルメニアとグルジアは、旧ソ連邦構成共和国に組み入れられる際に自文化と民族言語に強くこだわった。ソ連時代にあってもアルメニアはキリル文字化を拒んだ。「ソビエトでは、グルジアとアルメニアの文字が、かれらの社会的停滞や後進性や、あるいは反動性の源泉として攻撃をうけた」が、グルジアもアルメニアもその文字をゆずらなかった（田中 2003: 196）。ソ連的「進歩」に迎合しなかったのである。ソ連憲法の制定を契機に1970年代後半から強まったロシア語化にグルジアとアルメニアは抵抗し、公的国家語としての民族語の位置づけにこだわり、言語に対する姿勢を鮮明に打ち出した（Авакян 1993: 133）。

　アルメニア人だけの、あるいはグルジア人だけの独特な言語、文字さらには宗教は、ソ連時代においてはひとの育ちと自立(独り立ち)をめぐる対抗文化であり、民族的アイデンティティの資源であった。

　現在、西洋化一辺倒になることに危惧を感ずる研究者もいる。アルメニアの社会学者ポゴシャンは、インタビューに答えて、ボローニャ・プロセスに言及し、このヨーロッパとの一体化計画にアルメニア社会はいたましさを感じていると語った。自らの伝統を維持したいが、近代世界に入り込むために、他国のスタイルを導入しなければならない、と小国の悲哀をにじませた。彼は、「グローバリゼー

ションの下でのポスト社会主義諸国における近代化過程の分析」(Погосян 2003: 180) を緊要な研究課題とし、「古典的普遍的なモデルとは異なる民族的な近代化モデル」(Погосян 2003: 182) の必要を指摘している。彼は、ソ連を介した近代化とアルメニア人の近代史とを潜り抜けた、その先に独特のもうひとつの近代化の可能性をみようとしている。彼は、その手がかりを、ディアスポラに求めている。

アゼルバイジャン研究でも類似した指摘がある。アフメドフ (Ахмедов 2004) は、教育のグローバル化によってアゼルバイジャンの文化的教育学的伝統が失われることを危惧している。歴史的伝統さらには自国史の復興の必要性が民族教育学という研究動向に連なっているとみるアフメドフは、伝統的教育とその現代教育への統合との動的な均衡の確立を不可欠の課題とする。だが、この課題への取り組みの手がかりは、自然調和的で人道的ゆえに豊かな訓育的ポテンシャルを有した伝統的な国民文化という概念に求められ、やや抽象的だ。

アゼルバイジャンにおけるボローニャ・プロセスの広がりについての不安も述べられている。教育の近代化と統合の結果、教育サービスの国際市場で競えるようになるというメリットは大きいが、ヨーロッパの勢力拡大をくいとめる必要もあるという指摘である (Абдуллаев / Ахмедов 2007)。

シロヴァたちの研究 (Silova / Johnson / Heyneman 2007) はコーカサスのアゼルバイジャンと中央アジアにおける社会統合の危機を論じたもので、著者たちの関心は、旧ソ連邦から独立した諸国のうち西洋キリスト教文化圏とは異なるムスリム圏に向けられている。この研究は、1991年以降の経済危機、教育インフラの劣化や教育システムの危機を指摘し、教育システムの改革と社会統合の促進の必要を論述している。この研究が興味深いのは、新たな社会で人が自立していくためのアイデンティティの確立に教育があまり成功していな

いことに注意が払われているからである。ただし、アゼルバイジャンとカザフスタンは、国家を基盤とするセキュラーな教育システムの課題を解決しうる潜在力をもつとされ、その根拠が資源国家であるところに求められるくだりは、踏み込んだ教育内在的研究の必要を感じさせる（Silova/Johnson/Heyneman, 2007: 174）。

発達文化の変容を問うという課題

　教育の近代化路線の延長上に教育制度と政策の改革を位置づけ、学校教育を中心に教育刷新の現状を研究する限り、教育近代化の優等生である学力競争に駆り立てられる人々しか見えてこない。それでは、上記の先行研究の指摘する課題には取り組めない。

　社会のありようが変わる転換期には、政治権力も、国家統合と人材養成をめぐる新たな政策の立案に着手するが、家族も子どものよりよい未来と自己の生き残りをかけて、独り立ち（自立過程としての発達）の方策の真剣な再検討を迫られ、独り立ちをめぐる意味づけ、思考様式、判断様式、行動様式の変容が起こりうる。本稿では、この独り立ちをめぐる文化（発達文化）が変容し、教育の西洋的近代化と国際基準化が文化化過程におとしこまれる過程を考察する。

　そうすることによって、三カ国における独り立ちをめぐる文化の変容の相違とその相違の原因を浮上させることができるのではないだろうか。それが、ポゴシャンの提起した課題を教育研究に引き取り、教育のもうひとつの近代化の可能性の考察につなげる準備になるのではないだろうか。

2　コーカサスの三カ国にみられる国民教育の制度化

国民教育制度と改革の取り組み

　コーカサス三国において独立後に構築された国民教育制度は類似

している。初等教育機関に前期・後期中等機関が接続し、普通教育期間の合計は10－11年になる。初等教育期間はやや異なり、グルジアでは6年、アルメニアが3年、アゼルバイジャンが4年である。前期中等教育が終了したところで、普通教育系と職業教育系に分岐する。目下、国際基準を考慮して、12年制の初等・中等教育への転換が目指されている。だが、1991年以降、教育インフラが悪化したことも、教育財源の不足が深刻であることも、共通した悩みである。

いずれの国でも、教育の世俗化が実施されている。また、民族文化の伝承は、学校教育では教科外で行われ、成績による生徒の序列化には民族文化の習得度は影響しない仕組みになっているのも、共通している。つまり、教育の近代化のコア概念であるメリトクラシーにこだわる人々（中産階級以上）の教育意思が反映された教育システムになっている。

だが、コーカサス諸国では教育官僚や校長などの教育改革への思いは同じではない。

アルメニアやアゼルバイジャンの教育行政の指導者たちは新しい制度の説明に際して、ソ連教育のメリットにも触れ、教育制度にとっての独立の意味を、民族の母語や民族の歴史の重視などに求める。民族の自立の気概は、教育現場にも満ちている。アゼルバイジャンの教育現場の教師は、執筆、編集、出版すべてがアゼルバイジャン人による自国産の教科書を誇らしげに見せてくれた。

グルジアの学校管理者や行政のトップは、教育における「個人」重視を主張する。生徒が自分で考えることが大事であることを強調し、暗にソ連の教育を批判するが、教育改革の説明に使われるキー・ワードは学校経営、選択と参加、分権化などであり、民族にかかわった概念をあまり用いない。

三カ国の差異をやや図式化すると、国民教育制度の確立に際して

西洋化にシフトしたグルジア、民族アイデンティティにこだわるアルメニア、民族へのこだわりと西洋的な近代化指向とのバランス感覚が特徴的なアゼルバイジャン、ということになろう。

近代化の神話

　近代的な国民教育制度にとって人材養成という機能は不可避である。ヨーロッパの労働市場に参加するためには、学力の水準と中身のヨーロッパ化が必須である。当然、教育官僚たちは、積極的に西洋的教育の近代化と教育の国際的基準化に取り組むことになる。メリトクラシーを追求する教育政策の方針は、それを自己実現の資源にする階層の教育意思にも応えている。

　また、この背景には、EUへのコーカサス諸国のあつい想いが控えている。2004年に策定された欧州近隣政策（ENP）は、隣接諸国との間の政治的関係と経済的統合を促進することを目指しているが、ENP行動計画が2006年にEUとアルメニア、アゼルバイジャン、グルジアとの間で合意され、動き出している。

　しかし、平等や一律を重視したソ連時代の自立と育ちの仕方・させ方、意味づけに親しんできた人々を、積極的に教育の西洋的近代化と教育の国際的基準化に向かわせるためには、一工夫が必要である。そこで、第1章で見たように、ソ連時代の教育を「遅れた」ものと解釈する概念装置によって、教育開発・支援がよりよい教育を作り出すのだという神話が必要になる。

　ユネスコ、ユニセフなどの国際機関が出す報告書では、コーカサス地域の子育てと教育の近代化の遅れが、数量データによって「問題」として検証され、合わせて、国際機関等の支援・協力によって刷新されつつある教育事情が紹介されている。

　キー概念はまず「個人」である。個人の思想と表現の自由、学校や学習内容や進路の選択、すなわち、個人の自由と選択が価値とさ

れ、西洋的な進歩の追求をよしとするシナリオにのって、社会主義時代よりも「進んだ」新しい教育制度や政策がつくられているということの印象づけがなされている。

権力テクノロジー

　権力テクノロジーといえば、ある社会秩序の安定化をはかる徴兵制や義務教育といった制度化が思い浮かぶ。が、ここでは、教育システムを稼動させ、ある教育意思がドミナントなものになるようにする手法も権力テクノロジー（Seki 2003: 45-46）ととらえ、次世代の教育を方向付ける仕組み、教育関心の構造化を方向付けるアイデアと技術を含む概念として用いている。ある生き方を価値付け、その生き方に不可欠の能力の発達を、優先的な教育課題として浮上させ、あるいは、いつのまにか身体化させるのも、権力テクノロジーである。

　グルジアにおけるロシア劇場の衰退とIT化の進展とのコントラストが、有効なイメージ戦略テクノロジーの産出の重要性を告げている。本稿では、ある生き方が「格好いい」「素敵」であると思わせ、その生き方を実現しようとする独り立ちの仕方を促すベクトル、さらにはそれを実現する能力を自ら発達させようとするベクトルを伸長させる技術を、権力テクノロジーのなかでも「イメージ戦略テクノロジー」と名付けてみた。

　ソ連時代、各地に建設されたロシア劇場は、ヨーロッパでも高く評価されたロシア演劇を鑑賞できる場であった。グルジアのロシア劇場にも、ロシアの名優が来演し、人々は高い水準の芸術に接することができた。ロシア劇場はロシア文化を普及させる働きをしたが、グルジアの人たちにとっては、高い質の芸術を楽しめる、したがって、憧れの場所であり、そこに出かけることは進歩的で教養のあることを示す格好いい行動であった。こうしたロシア劇場のイメージ

が、文化のロシア化を抵抗なく、素敵なこととして受容させた。

　だが、かつては活況を呈したロシア劇場だが、現在は衰退している。中年以上の人々にはまだ人気があり、出し物も結構あたっているが、客の入りが落ちている。出し物がロシア的だからではない。演目はグルジア化されつつある。難問は、若者層にそこに行くことが進歩的で格好いいというイメージを喚起できなくなったことである。ロシア劇場が若者の独り立ち過程に素敵さを付与することはなくなった。劇場を活用するイメージ戦略テクノロジーが効果を発揮しなくなったのである。

　これに対して、アメリカ合衆国のプロジェクト・ハーモニーのIT化の支援は、いたるところで歓迎されている。いまやITは、時代の寵児であり、ITを使いこなすことは、先進的で、それゆえ憧れの格好いい生き様であるとされる。IT化は、ソ連時代から科学進歩を価値として育ってきた人々にとって「進歩」のシンボルとして、それゆえ素敵なこととして享受される。

　IT化は、現在、有効なイメージ戦略テクノロジーとして機能し、IT化を支援しているアメリカの生活様式を、格好いい文化として浸透させる役割までも果たしつつある。

　もう一つの権力テクノロジーも効果を発揮している。ここでは、「アクション戦略テクノロジー」と名付けてみた。問題解決意欲や向上意欲を利用し、自己実現欲求を喚起して、ある行動を誘導し、ある行動様式や判断様式、ある価値づけを学ばせてしまう技術である。

　それはコーカサス地域を支援する国際機関や国際NGOの働きかけの手法の中に含まれている。これらの支援側は、競争資金である助成金（グラント）の提供という手法でアルメニアやアゼルバイジャンあるいはグルジアに住む個人あるいは団体を支援している。

　支援側が助成金（グラント）の趣旨と獲得方法の説明会を開催する

場合もあるが、インターネットで助成金の情報を発信する場合が多い。したがって、IT化が前提となるので、プロジェクト・ハーモニーのIT化支援の意味はいっそう大きくなる。

　教育インフラの悪化に悩む教師や知識人のなかで、特に問題解決に積極的な人々は、グラント獲得に動く。グラントへの申請書の作成、合格すれば中間報告書や報告書の作成が、意欲的な人々にある思考様式と行動様式を学ばせる。助成金を獲得して、教育環境が改善されれば、再び応募しようとする。成功者の事例は、同様に活動的な人々に助成金獲得競争への参加意欲を喚起する。こうして、助成金に籠められた潜在的な教育力が、意欲的な人から次々と、助成金獲得競争を勝ち抜ぬく思考様式と行動様式の学びの連鎖へと導く。助成金に挑戦する人々は、自己実現を介して新たに価値づけられた自立の仕方を獲得することになる。

3　相違がなぜ生じるのか

ロシアとの関係

　権力テクノロジーが駆使されても、その効果はアルメニアとアゼルバイジャンとグルジアでは異なる。どうしてなのか。

　学校教育を人間形成のなかで特段に重視する価値付けは、教育の近代化の過程でつくりだされた発達文化の特徴である。そこで、まず、学校教育に差異を作り出す要素を考察してみよう。誰の目にも明らかなことは、ロシアとの関係の明瞭な差異が、教育の制度化にも反映していることだ。アメリカの大学院に学んだグルジア大統領のサーカシヴィリ氏は極端な欧米びいきである。グルジアはロシアとは国内の民族紛争と連動する深刻な対立関係にあり、両国の関係は時折武力紛争にまで発展する。グルジアはGUAMに参加し、ヨーロッパにあついまなざしを向ける。だから、ロシア語教育に冷やや

かで、ロシアからロシア語教科書が供給されることを拒んでいる。留学先としてあるいは国外就労先として、人々がまず希望するのはヨーロッパである。

　他方、アルメニアは、多量虐殺の悲劇を想起させるトルコとアゼルバイジャンというムスリム国家に囲まれ、資源も乏しく、望みをロシアとの友好関係に託しているむきがある。そこで、ロシア語教育に一定の時間を割き、外国語教育としてロシア語を重視する学校がある。カリキュラムにおけるロシア語の位置づけは、2000年の半ばでは、英語のそれとほぼ同等であった。アルメニア人はディアスポラの民で、アメリカやフランスにはかなりのアルメニア人が住んでいるが (Cohen 1997: 47-48)、まず国外の就労先となるのはロシアである。

　アゼルバイジャンも GUAM に参加し、ヨーロッパよりの姿勢をとるが、ロシアとの関係にも配慮している。アゼルバイジャンからロシア国内に職を求める人も多い。

　教育行政と教育現場での管理者層のキャリアの違いも三カ国における教育の制度化の差異を作り出している。2000年半ば、アゼルバイジャンとアルメニアの行政管理職者や学校長のうち多くが中年以上で、モスクワなどの高等教育機関への留学やソ連科学・教育科学アカデミー所属研究所での研究経験を有していた。これらの人々は独立後、ロシアを意識し、一方ではソヴェト教育の正の遺産を活かし、他方では、いわば親離れに自負を感じ、「われわれの」教育制度と教育実践をつくりだそうとする。

　他方、グルジアの管理職者は、バラ革命の論功行賞的な人事の結果、大幅に若返った。ソ連との付き合いがない世代が選ばれ着任したのである。彼・彼女はロシア語もできるが、ロシア語力よりも英語力に、エリートとしての証拠を求める人々である。彼・彼女にとって、ソ連の「遅れた」教育もロシアの教育も興味の対象にはならない。

だが、グルジアには、もうひとつの顔がある。グルジアは多民族国家であり、アルメニア人（人口比8.1%）やアゼルバイジャン人（人口比5.7%）なども暮らしている。グルジアのアルメニア人やアゼルバイジャン人は、就労先をロシアに求める場合が多い。だから、ロシア語は不可欠である。因みに、グルジアにあるアルメニア人のための学校はロシア語学校（教授言語がロシア語）であった。

　実は、グルジア人も職をロシアにもとめることが少なくない。グルジアでも、独り立ち過程においてメリトクラシーを重視し、英語圏への留学なども狙える層を除けば、ロシア語にも需要がある。

　トビリシ市の南東に位置するルスタヴィ市の三言語学校は、グルジア・セクター、ロシア・セクター、アゼルバイジャン・セクターからなり、12民族が学んでいる。グルジア・セクターではグルジア語、ロシア語、英語が、ロシア・セクターではロシア語、グルジア語、英語が、アゼルバイジャン・セクターではアゼルバイジャン語、グルジア語、ロシア語が習得される。ロシア・セクターに学ぶ生徒たちは多民族で、意外にもロシア人は少ない。

支援機関で働く現地スタッフの民族意識——グルジアとアルメニアの比較

　アメリカが資金を出すプロジェクト・ハーモニーは、コーカサスにITネットワークをはりめぐらせることを大きな目的としている。同プロジェクトの現地オフィスでは、アメリカから派遣されたスタッフと現地スタッフの両方が仕事をしている。グルジアとアルメニアのそれぞれの現地スタッフに話を聞いた。

　グルジア人のスタッフは、見るからにアメリカナイズされた英語の堪能な人物であった。彼は、同プロジェクトがグルジア社会の進歩に貢献していることを説明した。アメリカでのインターンシップなどのプログラムを実施し、アメリカとグルジアの各地域との間に草の根的なつながりをつくり出し、女性のリーダーシップを育成す

第8章 グローバル化のもとでの国民教育制度の構築　133

るプログラムによって、女性のイニシアチヴの喚起に成功したという。彼は、アメリカ的な生活様式を素晴らしいと評価し、それをグルジアに広めたいと抱負を語った。

アルメニアのスタッフは、コンピュータと付き合うことによって人生が切り開かれたという元英語教師の二人である。一人はアメリカでの研修を機に、コンピュータとの付き合いが生じ、帰国後はソロス基金の援助を得て、ヨーロッパの大学でも研修を受けた。現職ポストも、インターネットで知り、応募した。

彼女たちは、プロジェクト・ハーモニーの活動として、アメリカ的行動様式を伝達するが、むしろグローバルな異文化理解に力を注いでいる、という。自分たちの体験を人々に知らせ、チャレンジすることを教えたいと抱負を語った。

グルジア人スタッフのありようは、いまグルジアにおいて、学校教育を介してよりよい生き方を掴もうとする発達文化の持ち主たちが抱く憧れの人間像と重なっている。アルメニア人スタッフも、グラントに応募し、留学・研修の機会を得、英語も堪能で、コーカサスでの憧れの格好いい生きかたをしている。

両者の違いは、コーカサス地域の文化との向き合い方にあるように思われる。グルジアのスタッフは、アメリカの生活様式をよりよいものと評価し、身体化と普及とにつとめている。アルメニアのスタッフは、顔と顔とをつきあわせるコーカサスの人々の付き合い方とは異なるコミュニケーション手段のコンピュータを用いるのは、手段として有効だからだと語る。彼女たちは、付き合い方の自文化を相対化しつつ、コンピュータを限定的に位置づけている。

もちろん、これらの相違は個人的パーソナリティの違いによる可能性もある。それでも、育ちの文化への気づき、独り立ちの仕方とさせ方の自文化への自覚の有無、およびその自覚のもとに新しい技術（手段）を位置づける意識の有無が、これらスタッフの間にある

違いとして感じられた。

4　記憶と想像のバナキュラーな価値

ディアスポラ・アルメニア人が支援する学校

　上記のアルメニアとグルジアのスタッフ間の意識の差異は、アルメニアにおける民族アイデンティティ構築のありようにかかわるのではないだろうか。

　とはいえ、アルメニアが一体化しているわけでもない。政治的には親ロシア派と親欧米派がせめぎ合っている[1]。しかし、発達文化はユニークである。なぜなら、それはいまのアルメニアに暮らす人々とディアスポラのアルメニア人との相互作用によって織り成されているからである。ディアスポラを余儀なくした虐殺の歴史が、アルメニアに生きるアルメニア人の育ちの文化を覆っている。

　ディアスポラ・アルメニア人が支援するアルメニアの学校を見学した。アルメニアにはディアスポラのアルメニア人をスポンサーにもつ学校がある。その数は多くはない。だが、アルメニアの発達文化を読み解く上で参考になる。

　ディアスポラのアルメニア人が支援する学校には、スポンサーの名前が付けられている。訪問した学校の玄関ホールには、スポンサーの写真が掲げられていた。失われた西アルメニアを含む広大なアルメニアの地図がかけられているところも特徴的である。アルメニア文字の考案者（メスロプ・マシュトツ）の肖像画も掛けられていた。教室などでのこの肖像画の存在はアルメニアの学校ではふつうのことであり、アルメニア文字が民族アイデンティティの資源となっていることを感じ取ることができる。

　アルメニア人スポンサーは、アメリカで成功した富豪とは限らない。また、一校に一人とも限らない。学校ではスポンサーであるディ

アスポラ・アルメニア人について教え、ディアスポラの生きられた歴史を伝えるのである。

「マリとビュザント・マルカリャン学校」のスポンサーはアインタプの出身者である。アインタプ（トルコ内のガジアンテップ）のアルメニア人は1915年に始まった虐殺の被害を受け、主にアメリカに逃げた。生徒たちにはアインタプの歴史を教えることになる。アインタプの歴史がバナキュラーな価値の伝達になっている。

この学校はアインタプの歴史のキー・ステーションになっていて、4月1日のアインタプの戦いの日には、毎年、アインタプ出身のディアスポラが招待され、学校所在地の村の人々も集まり、学校行事が催される。また、アインタプの食文化も伝達されていて、訪問者をもてなす。

フォーマルな教育とノンフォーマルな教育（文化化）が一体となって、記憶と想像のバナキュラーな価値、アインタプの生きられた歴史が伝達され、独り立ち過程に意味づけられる。バナキュラーな価値がアイデンティティ構築の資源になり、ローカル・アイデンティティが形成される。グローバリゼーションの時代におけるローカル・アイデンティティの復活とその理由を考察したホール（ホール1999: 61）は、具体的な場所を基礎にしたアイデンティティが崩壊し、想像上の、身近な場所の再生が重要になり、人々が「拠り所」とも言うべきものにたどりついたと指摘し、拠り所をエスニシティと呼ぶとした。アインタプはまさしく想像上の、しかし身近な場所であり、生きられた歴史の伝達によって蘇る拠り所なのである。

三重構造のアイデンティティ

上記の場合、ローカル・アイデンティティの資源が虐殺とディアスポラというアルメニア近代史を象徴する出来事ゆえに、その資源はナショナル・アイデンティティの構築の資源にもなる。さらに、

アルメニア人の三分の二はアルメニア国外で生活し、アルメニア人の人と情報のネットワークはグローバル化している。そこで、ローカル・アイデンティの形成とナショナル・アイデンティの形成が、ディアスポラを介してグローバル・アイデンティの形成にも連動しうるとすれば、三重構造のアイデンティが構築されることになる。先に触れた支援団体のアルメニアのスタッフが、アメリカ的行動様式も伝達するが、グローバルな異文化理解を重視するとしたところにも、グローバル・アイデンティティの片鱗が垣間見られた。

　三重構造のアイデンティティは、多様な衝撃に柔軟に対応しうるという意味で強い構造のアイデンティティであろう。バナキュラーな価値が自立を意味づけるからばこそ、ナショナルなアイデンティティとグローバルなアイデンティティが形成されうるのである。

　ディアスポラを研究したコーエンは、「ディアスポラ集団が概して、貿易や金融面での成功のみならず、芸術や映画、メディアやエンターテイメント産業に多くの人材を輩出しているのは、おそらく、自分たちを取り巻く流れに対して敏感でなければならないためであろう」と指摘している（コーエン 2003: 202）。このディアスポラのアイデンティティの「まわりの流れに敏感な」特質も、アルメニアのアルメニア人が築きうるグローバル・アイデンティティにも反映されているであろう。この意味で先の三重構造のアイデンティティは、変化に対応しうる動的でしたたかなアイデンティティであろう[2]。

5　近代教育の先を読む比較発達社会史の挑戦

　本稿では、グローバル化のもとでのコーカサス諸国における国民教育制度の構築を、制度をつくる側、それを支援する側からまず読み解き、独り立ちの仕方・させ方の文化ヘゲモニーを醸成する技術

第8章　グローバル化のもとでの国民教育制度の構築　137

（権力テクノロジー）を析出し、続いて、その制度と向き合いながら転換期におけるサバイバルを試みる人々の自立の仕方とさせ方の変容あるいは戦略を考察した。以上の考察は、本章冒頭の、ポゴシャンの提起した課題に応えるための概念装置と研究枠組みの提示であり、近代教育の先を読む試みでもある。

　本稿で提起した概念装置である発達文化は、「次の世代を確立させ導くことへの関心」（エリクソン 1978: 343）が実現される過程、独り立ち（自立）する過程、生まれてから老いるまでの人間形成の全過程を方向付け、促し、助ける行動様式、判断様式、思考様式、人間関係、および、独り立ちについての解釈と意味づけ――これらの総体を意味している。この場合、発達は、生育史（エリクソンの言う生活史）としてとらえられ、度合でなく過程として把握される。

　人の独り立ちを促し助けるのは、学校ばかりではない。家族も、近隣の人々も、宗教施設も、文化的景観（Cosgrove / Daniels 1988）も、人の生き方をめぐるあこがれや生き方の決定に影響をあたえ、人間形成を方向付ける。

　発達文化の研究のためには、学校などのフォーマルで定型的な教育、フォーマルで準定型的な教科外活動や非定型的な同年齢集団活動、学校外活動や集団活動への参加といったノンフォーマルな教育、さらには、家族による計画的な教育や日常生活経験などのインフォーマルな文化化による[3]人間形成の全過程を研究対象にすることになる。

　独り立ちのさせ方と仕方は、ありふれた日常生活に溶け込んでいる。それを析出するためには、比較という方法が有効である。さらに、人間形成の全過程に溶け込む発達文化の変容を解読するためには、歴史的アプローチが不可欠である。

　発達文化の歴史的な比較考察（比較発達社会史）、とりわけ転換期における発達文化の比較研究は、発達文化の変容の外からの仕掛け

とそれに対する内側からの創造的取り組みの芽を浮上させ、教育刷新のドラマを立体的に解読することを可能にする。比較発達社会史は、教育の古典的な西洋的な近代化を潜り抜けて、その先に、もうひとつの近代化を読む可能性を胚胎させた研究枠組みである。

＜註＞

1　B. Кардумян 氏の論文 (2008年)「アルメニア＝ロシア関係、反対派の見解」(Свабодная　мысль №3) は、親西欧派と親ロシア派の対外政策路線を詳しく説明している。経済情勢やディアスポラ・アルメニア人の活躍なども解説されており、参考になる。
2　指導層が誘導する西洋化の波にもまれるグルジアでも、もちろん、庶民層は民族アイデンティティを築こうとしている。アイデンティティ構築の資源としては、教科外および学校外で学ばれるダンスや音楽などの各種民族文化をあげることができるが、グルジア正教も重要な資源となっている。老若男女を問わず、人々はグルジア正教にあつい宗教心を抱いている。礼拝を終えて引き上げる司祭に少しでも近づこうと、信者は場所取りに必死で、人垣ができる。若いドライバーは、グルジア正教の教会を目にするたびに、必ずハンドルから手を放し十字を切っていた。
3　江淵一公氏がラベールのモデルに変更を加えて作成した「教育（文化化）の類型と特質」の枠組みを参考にした。江淵一公1994『異文化間教育学序説』九州大学出版会、35-39頁。

＜引用参考文献＞

エリクソン, E.H. 1950/1977, 1978『幼児期と社会Ⅰ』仁科弥生訳、みすず書房。
コーエン, R., ケネディ, P. 2000/2003『グローバル・ソシオロジーⅡ』山之内靖監訳、伊藤茂訳、平凡社。
関啓子2002『多民族社会を生きる』新読書社。
田中克彦2003『言語の思想』岩波現代文庫。
ホール, S. 1999「ローカルなものとグローバルなもの」A.D. キング編『文化とグローバル化』山中弘、安藤充、保呂篤彦訳、玉川大学出版部。
Авакян, Г.1993, Армения и Армяне в мире, Ереван.

Абдуллаев Э.И., Ахмедов Г.Г. 2007 Интеграция Азербайджана в европейское образовательное пространство, Педагогика, №9.

Ахмедов Г.Г. 2004 Глобализация и культурно-педагогические традиции Азербайджана, Педагогика, №8.

Cohen, R. 1997, *Global Diasporas.*

Cosgrove, Denis and Daniels, Stephen, 1988 *The Iconography of Landscape.*

Погосян, Г. 2003, Теории модернизации и постсоветское общество : Судьба социальных трансформаций в Армении, Общество и экономика, №6.

Salimova, K and Dodde , N.L. (editors) 2000, *International Handbook on History of Education.*

Seki, K. 2003 Beyond Silence: Social and Historical Reflections upon Educational Projects for Minority Groups, *HITOTSUBASHI JOURNAL of Social Studies*,Vol.35, №2,December, (with Mihara, Ohta, Araki, Kamitani)

Silova, I. Johnson,M.S. and Heyneman S.P. 2007 Education and the Crisis of Social Cohesion in Azerbaijan and Central Asia, *Comparative Education Review.*

<図書紹介>

レ・タン・コイ『比較教育学』(前平泰志／田崎徳友／吉田正晴／西之園春夫訳)(行路社、1981/1991年)

レ・タン・コイ氏は、早くから自民族中心主義的研究を批判してきた比較教育学の理論的指導者の一人である。ヨーロッパ的な価値で文化を序列化することの問題を指摘し、近代教育の再考に役立つ視点を提起してきた。彼の論稿には、異文化間教育にかかわる重要な知見も含まれている。もちろん、本書は、比較教育研究の方法の基礎を丁寧に説明している。前平氏による解説も秀逸である。

中内敏夫／太田素子／関啓子編『人間形成の全体史―比較発達社会史への道』(大月書店、1998年)

「教育の心性と生活世界」研究会における中内敏夫氏の問題提起を踏まえた参加者の論集である。中内氏自身の論稿は、中内史学の特徴を伝えている。執筆者は、多様なテーマから、中内氏の問題提起（A：国家理性が意図した歴史と、社会・経済システムによって意図された歴史、およびB：生きられた歴史、すなわち国家の政策や隠された意図を、さらには社会・経済システムを、人々がどのように生きたかの歴史の二つによって、人間が生まれ育っていく人間形成の全体史が構成され

るという枠組み)に基づく研究に挑戦している。

北川誠一／前田弘毅／廣瀬陽子／吉村貴之編『コーカサスを知るための60章』(明石書店、2006年)

コーカサスという地域を総合的に紹介している。歴史と地理、政治と経済ばかりでなく、文化や社会などについてもわかりやすく特徴を説明している。東西文化の十字路の魅力とそこに生きる人々の歴史と今が、見えてくる。思いがけない発見を楽しむこともできよう。

III

第9章 「知のヨーロッパ」という新しい神話

——ボローニャ・プロセスを考察する　　ユルゲン・シュリーヴァー

1　システム移行とその分析にむけて

　1999年のボローニャ宣言により、高等教育の構造を一致させるプロセスが導入された。これは、その関係者のみならず研究者からも、ヨーロッパの——そしてとりわけドイツの——総合大学の伝統にとってひじょうに大きな区切りとなったとみなされている。この区切りとは、大学に元来備わっている構造の大幅な組み替えだけをさすのではない。ボローニャ宣言がどれほどの影響をもつのか、1999年当時はほとんど見きわめられていなかった。今日では、当初予想されていた以上の影響が長期にわたって続いている。大学の修了と職業上のキャリアとのあいだ、学問的な教養と社会的な地位をめぐる評価のあいだ、そして大学の革新可能性と知・技術に立脚した経済がもたらす将来的な展望のあいだにさまざまな関連があるため、ボローニャ宣言の余波が続いているのである。これに伴って、従来の世論形成・分析も論争的に展開している。この論争は、各国でのボローニャ・プロセスの実施状況に関する報告書(たとえばJallade 2004)、導入方法についての個別の論点をめぐる議論(たとえばSchwarz-Hahn 2003)、教育理論による省察(Pasternak 2001など)、あるいは政治的立場にもとづいた根本的な批判(Lorenz 2006)といったもののあいだで揺れている。これに対し、実証的で社会科学的な研

究は、これまでほとんどなされてこなかった (たとえば、以下を参照されたい ; Krücken 2005; Witte 2006)。

　以下では、ある理論にもとづき、ボローニャ・モデルおよびこれと結びついた原則がこれまでにない速さで広まり、ヨーロッパ規模で受容されていることを論じる。本稿は、社会学における新制度学派の概念設定と認識に拠って立つ。他の研究領域をみてみると、近年、新制度学派の「世界政体 (world policy)」アプローチは、——バーガーとルックマン (Berger/Luckmann 1970) が述べているような——「世界文化」が社会的に構築されるプロセスとして概念的に整理されることはほとんどない。また、このようにして展開したテーゼが、量的に処理された多くの比較－歴史研究をとおして実証的に裏づけられることもほとんどない。これらの作業とあわせ、ジョン・W・マイヤーやフランシスコ・ラミレスといった論者は、ヨーロッパ的な合理化の伝統のもとで展開した現実に対する解釈 (記述)、理念的な規制 (ルール)、それらにもとづいた行動様式 (イデオロギー) に照準を合わせている。これらがグローバルに拡散したことにより、本質的には、「文化的な」パラメーターによって決定される世界社会が形成された。そして、政治組織・科学・法・教育といった幅広い分野にみられる、国境を越えてもなお「同型」を保つ構造が形成されたのである (Meyer 2005; Drori/ Meyer/ Ramirez/ Schofer 2003; Drori/ Meyer/ Hwang 2006)。

　このアプローチから導かれる理論的示唆を援用すると、ボローニャ・プロセスをさらに理解することができる。この理論によって、まず、(a)遅くとも20世紀後半より、国際的な政府組織・非政府組織についての説明が可能となった。くわえて、こういった組織によって絶えず刷新され、つき動かされてきた先述の解釈枠組み・理

念・行為を導くモデル形成にむけたコミュニケーションと調整の循環についても説明がつく。これら2点を説明できるため、新制度学派のアプローチによる理論的示唆は、ひじょうに重要である (Boli/ Thomas 1999; Meyer/ Ramirez 2003)。こういった示唆は、(b)新制度学派が組織社会学でとっている基本的前提から生じている。それによれば、組織は、ただ単に、あるいはなんとしてでも状況に応じた自律的な決定に至るよう、自らの行為を制御するのではなく、あるモデル化に照準を合わせてゆく。このモデルは、自らの社会的な環境——「組織領域」——において広く認識され、認証され、いわば規範的に定着 (制度化) している。こういった組織は、そうしたサイクルによって、まず問題が効果的に処理されるよう試みるのではなく、正当性が認められるよう取りはからう。すなわち、ここでは「即時的な効力 (immidiate efficacy)」ではなく、「正当性 (legitimacy)」が重要とされるのである (Meyer/ Rowan 1977: 340. 理論的背景に関しては以下を参照されたい; Powell/ DiMaggio 1991; Hasse/ Krücken 2005)。「正当性」を求める組織のとる方策は、そもそも環境に依存したものではない。ここには、「文化的」な条件に立ち戻りながら、特定の状況で生じた課題に対応し、自己の存続を確かなものにしようという、なりふりかまわぬアイデンティティがある。こうした二重の思考は、まさに国際的な環境にあって国家という行為者がとる決定のしかたにもあてはまるのである。とりわけ、「不確実な条件と正当性を求める圧力」により、教育政策・行政にかかわる行為者は、ある改革の構想と構造のモデルを採用することによって、正当性を保証される端緒を得る。このとき、構想およびモデルは、成果が十分に得られる・革新的である・現代的であるとみなされているか、あるいは国際的な同意や——鍵となる特定の国家や国際組織といった——「関連機関」からの受容によって保証されている (Schaefers 2002: 851)。「合理化された神話 (rationalized myth)」という概念には、ある逆説的な事

態がみてとれる。すなわち、国家を越えて循環する理念・改革の構想・計画を、合理的に調整し、同一化させようという傾向は、歴史的で具体的な行為の文脈に対して、必ずしも必然的に、また通例1回きり根拠づけられるものではないのである。こういった神話は、行為を可能にし、構造化するための目的と手段とのあいだに関連を示せるときにかぎり、合理的である。しかし、これらはけっきょくのところ、以下に示すような意味で神話にすぎない。たしかに、それらは国境を越えて普遍化された同意にもとづいて効力を得てはいる。しかし、この効力は各地で蓄積された経験や個別事例に即した問題の分析から得られてはいないのである (Strang/ Meyer 1993: 500; Drori/ Meyer/ Ramirez/ Schofer 2003: 135)。さいごに、端的にいえば、(C) 新制度学派によるアプローチの文脈では、国境を越えて展開する拡散のプロセスに対する前提条件も決定づけられる。拡散の及ぶ範囲や影響は、主として、歴史上固有の様式や実践が脱文脈化され、より抽象的なモデル形成にむかって移行がおこることにより、判断しうる。こうしたモデルは、シュトラングとマイヤー (Strang/ Meyer 1993: 492ff.) が述べているように、学問・職業・政治といった領域で正当性を得た専門家によって「理論化 (theorization)」されたり、あるいはその理論が専門家によって裏づけられれば、より説得的に成立し、形成される。

　モデルがまさにこのように構築されるため、「ボローニャ」という題目のもとで拡散したヨーロッパの大学課程がもつ新しい構造の青写真を整理し、事例的に読みとくことが可能になる。それゆえ、この経過は第2節で論じられることとなる。それにつづいて第3節では、(多数の行為者が協働するときの)コミュニケーションを通じ、(国際会議・宣言・意図の説明を繰り返しおこなうなど) 反復的に生み出されたこのモデルがどのように拡散するのかに焦点をあてて論じる。最

後の第4節では、数か国の事例をとりあげ、このモデルが認識され、受容され、さらに制度として実施されるという再文脈化に対する体系的なアプローチ・ポイントについて、見取り図の提示を試みる。

2 「イメージされたモデル」の構築

　フランス共和国では、目的にかなった祝典が豪華絢爛に開催される。1998年5月24・25日、ソルボンヌ大学の大広間でパリ大学創立800年が盛大に祝われた。フランスの教育相クロード・アレグル (Claude Allégre) が周到に目配りするなかで (ヨーロッパ各地の大学学長や学者といった招待客を切れ味よく紹介し)、(大学の創立をめぐる史料状況には不確実さが残るというのに) 国際的に著名なフランスの中世史家が祝辞を述べた。さらに教育相は、その日招待したヨーロッパ3か国で教育・研究、あるいは高等教育を治める大臣 (ドイツのユルゲン・リュットガース (Jürgen Rüttgars)、イタリアのルイージ・ベルリンガー (Luigi Berlinguer)、イギリスのテッサ・ブラックストーン (Tessa Blackstone)) に対し、それぞれ異なるパリ市内の大学 (1969年以降に分割されたソルボンヌ大学の制度上の後継機関) から名誉博士号が贈られるよう入念に準備していた。フランス国営テレビのジャーナリストによるみごとな会議の進行につづいて、フランス外務省の豪華な広間で参加者のために夕食会が開かれた。そこには、フランス政府の約半分が出席していた。この入念に企画された祝典は、1998年5月25日、《ヨーロッパの高等教育制度の構造の調和に関する共同宣言》の締結でクライマックスに達した。このいわゆる「ソルボンヌ宣言」がどのような意味をもつのか、参加者の大半にはしっかりと認識されていなかった。しかしこれによって、具体化が不可能だとされていた――この意味で脱文脈化された――「イメージされたモデル (imagined model)」が確実に構築されることとなったのである。

このモデルの構築にむけた出発点には、ソルボンヌ大学創立800年祝祭をヨーロッパ的事件へと、さらに《全ヨーロッパ規模の大学シンポジウム (Colloque de l'Université Européenne)》へとおしあげようというフランス教育・研究相の構想があった。ここから、のちに意識的にとられることになる戦略が展開した。この戦略とは、「ヨーロッパ」という枠組みを設定することにより、フランス国内にある困難な、あるいは解決の途がとざされた問題を解決しようというものである。「ヨーロッパの名を借りた高等教育構造の近代化 (Moderniser la trame en se servant de l'Europe)」こそ、クロード・アレグル (Allègre 2000: 263ff.) が追求した「方法」であった。イタリアでは、大学がほとんど制御不可能であるため、国際的な圧力がないかぎり改革できないとみなされていた。そのため、ルイージ・ベルリンガーは、これを手放しで歓迎した (Berlinguer 2001: 136; Palomba 2004)。こういった状況からソルボンヌ宣言を採択する過程には、ある決定的な事実があった。アレグル、ベルリンガー、リュットガースといった面々は、「研究のG8 (G8 of research)」とよばれる無名の国際組織、すなわち《科学・技術および政府に関するカーネギー委員会 (Carnegie Commission on Science, Technology and Government)》によって設立された主要先進国の研究を統括する大臣の非公式な集まりで知り合い、互いに尊重しあっていたのである。ここから共通の専門的関心事をもつ個人的なつながりが生まれた。これは、その後、3人の大臣が追求したヨーロッパ化戦略の事実上の基盤となった。結果的に、ヨーロッパ政策・高等教育政策に精通した専門家が、パートナー関係にある国々の当面の展開と今後の計画をめぐる情報交換・共有に対し、鍵となる役割を果たすこととなった。同様のことが、とりわけアドリエン・シュミット (Adrien Schmitt) にもあてはまる。彼自身、かつては大学学長としてフランス学長会議 (すなわち「総合大学学長」の会議) に参加し、

ブリュッセルのヨーロッパ委員会で活動していたのである (これについてはとくに以下の文献を参照されたい；Ravinet 2005)。

　個人的なかかわりや国際的に活動する専門家の仲介、国際組織の支援によって容易になった出発時点の状況に目をむけなければ、高等教育をおさめる省が各国レベルで直面した問題には、部分的な共通点があるにすぎなかった。もっといえば、文脈に応じて問題認識が変わりうる点、政治的に問題が解決されうる点にしか共通点は認められなかったのである。招待者であるフランスの教育相は、ふたつの位相で問題をとらえていた。まずひとつめに、数世代前から未解決のままにされている構造の問題がある。これは、グランゼコール (Grandes Ecoles) が高い選抜性をもち細かく専門分化している一方、総合大学が大衆の教育機関として存在しているという二重性をさす。グランゼコールは、(主として工学・経済学・行政学の) エリート養成をおこなうという自負のもと、基礎的な研究活動のみをおこなっている。それゆえ、規模が縮小するにつれ、国際的な重要性を喪失した。これはまた、総合大学のなかで恒常的に財源が不足している部門にもあてはまる (Schriewer 1983)。これにくわえ、――アドリエン・シュミットがブリュッセルの観察者としての立場から警告したように――フランスの高等教育制度は細分化されているため、国際的な接続可能性 (フランスの大学修了証やその資格をさす) や国際競争力 (研究実績や革新性) の点で全体として将来性に不安があるといった問題が続く。こういった問題に対抗手段を講じるため、アレグルはジャック・アタリ (Jacques Attali) を代表とする有能な委員会を招集した。この委員会は、1998年春、「高等教育のヨーロッパ・モデルのために (Pour un modèle européen d'enseignement supérieur)」という、魅力的だが混乱を招くタイトルを冠した報告書を発表した (Attali et al. 1998)。アタリ委員会の提言内容は、もっぱらフランスの高等

教育システムがかかえる構造的な問題の解決にかかわるものにとどまっていたのである。これらの提言では、さまざまな問題を一挙に解決することが試みられた。この策とは、エリート高等教育機関と総合大学の両部門に対し、段階を設けた履修コースと修了資格を等しく結びつけるシステムを導入するというものである。これはすなわち、学士号 (License) に3年、新たに設けられた修士号 (Maîtrise) に計5年、博士論文に計8年をかける、といった流れをさす。まず、入学から3年後に、総合大学に在籍する学生の大多数に労働市場に有用な修了証を与え、職業生活へと送り出す。また、専門化したエリート部門と総合大学の大衆部門のあいだにある分断を、同じ修了証を与えることにより、うまく克服する。さいごに、さまざまな類型の高等教育のキャンパス間の連帯と博士課程の統合をとおして、国際的に競争力のある集団を養成し、教授と研究の関係を強化する。そして（総合大学の修了生にとっては）高等教育と研究、（グランゼコールの修了生にとっては）高等教育と高度な国家行政といった、これまで明確に分断されていた進路を相互に開放し、柔軟化するという策が提案されたのである。

ユルゲン・リュットガースがアレグルからの招待状を受け取った背景には、ドイツの問題状況として、フランスと同様にドイツの「大学のおかれた状況」が、国際的な魅力と競争力をめぐる危機感にとらわれていたことが一方にある (Huber 1999 を参照されたい)。他方では、公的財源が停滞しているにもかかわらずドイツの大学が爆発的に拡大したという矛盾が大きくなったことにより、真剣に改革を考えるきっかけが生まれていたことを指摘できる。ドイツの大学は、高い中退率・在学期間の超過・威信の喪失といった問題を抱える大衆機関となっていたのである (Wissenschaftsrat 2000: 102ff.)。こういった背景のもと、リュットガースは連邦教育・科学・研究・技術相と

して、すでに大学大綱法への新条項追加に着手していた。これによって、マギスター（Magister）やディプロム（Diplom）といった従来の修了証のほかに、とりわけ（在学期間3－4年の）バチェラー（学士（Bachelor））課程、その上に続く（全在学年数が最長5年の）マスター（修士（Master））課程を試験的に導入する計画が立てられた。この構想は、国際的な接続可能性や競争力のみならず、在学期間の短縮と早期の「職業資格付与」をめざしたものであった。この構想は、ある議論の流れと立案を受け継いだものといえる。それは60年代──まさにラルフ・ダーレンドルフを中心として改革が立案された時期──にかけて、バーデン・ビュルテンベルク州大学共通計画や、数度にわたって採用された一連の学術審議会答申にまでさかのぼる（Arbeitskreis Hochschulgesamtplan 1967: 41ff.; Krücken 2005: 72ff.）。

　イタリアでの問題状況は、フランスやドイツよりもはるかに劇的だった。高等教育機関の中退率は、「大学の死亡率（mortalità universitaria）」という独特かつ強烈な隠喩がつくられる程度にまで達していた。極度に長い在学期間、労働市場から大学が切断されている状況、そして研究者の失業率の高さは、高等教育制度の効率がきわめて悪いことを証明している。そのため、イタリアの高等教育制度が国際的な影響力をもつことなど、まったく考えられなくなっている。ここで、イタリア（改革）共産党員として50年ぶりに大臣の地位に就いたがために相当な成功への圧力下にあったルイージ・ベルリンガーは、1996年の時点で、社会学者のギド・マルティノッティ（Guido Martinotti）を代表とする専門家グループを召集していた。このグループには、適切な改革案を作り上げることが求められた。そして1997年12月、この委員会による提言が大臣によって発表された。しかし、これはドイツで大学大綱法への新条項追加にむけてすでに進んでいた事前作業とはうってかわって、ひじょうに消極的な案に

とどまった。この提言では、最短4年での学士号 (laurea) 取得の過程で、第2学年修了時点での中間試験——ここでは労働市場に有効な修了資格が得られるわけではない——を義務化すると計画されたにすぎなかったのである。

　ソルボンヌ宣言の準備段階では、イギリスの大臣が独特の役割を果たした。テッサ・ブラックストーン男爵夫人は、高等教育機関のみを扱う教育・雇用大臣 (Department for Education and Employment) にすぎず、研究に対しては権限をもっていなかった。そのため、「研究のG8」内でなされた提言には関与していなかったのである。もっといえば、彼女は、会議のわずか数週間前になってやっと、そしてそれも本質的には外交上の理由で——「巨大な」EU加盟国としての政治的な重要性にかんがみて——招待されたのであった。イギリスの高等教育制度も、たしかに短期間に急速に拡大をとげたとみなされていた。もちろん、この急激な拡大に対しては、何らかの策がとられようとしていた。その対応とは、学費を引き上げることによって資金調達の余地を拡張しようというものであり、これはいわば、イギリスの高等教育制度に元来そなわった論理にのっとったものであった。ここでは、外部からの、ましてや「ヨーロッパからの」正当性の承認などは必要とされない。フランス・イタリアの——そして明確に該当するわけではないがドイツの——大臣は、意図的に「ヨーロッパ化戦略」をとっていた。これは、(フランス・イタリアのばあいには) 改革の前段階にまずこぎつけるためであり、(ドイツのリュットガースのばあいには) すでにすすんでいる法制化作業をさらに補強するためであった。一方、短期間のうちに実現することとなったテッサ・ブラックストーンのソルボンヌ宣言への参加の背景には、入念に予防線を張っておこうという意図があった。ソルボンヌ宣言とそれによってもたらされるモデルは、そもそもイギリスの制度に

対しては直接的な帰結をもたらさないのである。けれども、この宣言を断固拒否していたならば、長期的視野にたったとき、イギリスにとってひじょうに不利な結果がうまれていたであろう。「これを拒否したばあい、イギリスはその影響力を維持する可能性、さらにはソルボンヌ会議・宣言の展開に対する最低限の制御すらも失いかねなかった」(Ravinet 2005: 19)。

　このさまざまな問題状況、その解決へのアプローチや動機といった背景のもと、採決にむかう最終局面で——アレグルとともに——重要な役割を果たしたのは、ユルゲン・リュットガースであった。アレグルは、フランスの先導的な地球物理学者で、国際的な受賞歴も多い傑出した科学者である。彼はアメリカの高等教育制度に敬意をもち、高く評価しており、4年制バチェラー課程をそなえたアメリカの大学の構造に傾倒していた。だが、リュットガースは、ヨーロッパの中等教育は就学期間が長く学問的な要求も高いため、内容的には3年制のバチェラーが等価であり、国際的にも十分比肩しうるとアレグルを説得した。ベルリンガーもまた、大学内でのみ通用する中間的な資格にかわって、学修を3年間とし、かつそこで職業生活に直結する修了資格を取得するという二重の思索を納得のうえで受け入れた。彼はローマに戻り、自ら召集したマルティノッティ委員会による提言を正式に取り消した(Ravinet 2005: 9ff.)。こうして、リュットガースにより基礎づけられ、アドリエン・シュミットによる独仏間の仲介に支持され、「アングロサクソン的」なものをイメージしたモデルができあがった。このモデルでは——適切だとされた「各領域」を選択的にしか採用していないという意味で——、アングローアメリカン的なモデルがもつ多様な形態を、深く検討しなかったのである (他の領域におけるこれまでの構造的前提にも関連するものとして、以下を参照されたい； Becker/ Reinhardt-Becker 2006)。いいか

えれば、このモデルでは、アメリカのバチェラーがひじょうに一般教養的な性格をもっていることを検討していなかった。そして同様に、イギリスのバチェラーに元来そなわっていたディシプリンにもとづいて専門性を高め、それを深めることを通じた知的修養とむすびついた教育理論上の構想も検討していなかった。また、このモデルは、アメリカとイギリスでそれぞれ異なる修学構想のカリキュラム上の連続性に加え、折に触れて問題とされてきた在学期間の長さを無視していた。さらにこのモデルは、イギリスのバチェラーやマスターといった学位が、大学や専門分野ごとに異なる価値をもつことを考慮したものではなかった。くわえて、イングランドとスコットランドのあいだのみならず、イギリス、アメリカ、そしてカナダ、オーストラリア、ニュージーランドといった他の英語圏の国々のあいだにある大きな違いも検討していなかったのである（Witte/ Rüde/ Tavenas/ Hüning 2004; Ash 2006: 259ff.）。大学の構造は、「アビトゥア＋3年（bac + 3）、アビトゥア＋5年（bac + 5）、アビトゥア＋8年（bac + 8）」、「ライセンス－マスター－ドクター」や「バチェラー－マスター－プロモーション」といった在学期間に応じて連続的に組み立てられ、脱文脈化されてゆく。さらに、ここで「文化的な構築物が姿をあらわし」(Ramirez 2006: 445ff.)、ソルボンヌ宣言の「柱」となり、ボローニャ・プロセスの中核となってゆくのである（Ravinet 2005: 9）。

3 「会議－宣言－各国での立案のサイクル」

このモデル形成にいたる討議の過程を追うと、1999年にボローニャで締結された《ヨーロッパ諸国の文相による共同宣言》にあたり、各国の教育相や科学相による単独で強引な決定はなされていないことに気づく。この討議では、ヨーロッパ・レベルで、長い（そして原則的には閉じられていない）マニフェスト－宣言－計画－協定

といった流れが形成されている。そのため、たとえ後世に名を刻むべき重要なものであったとしても、この宣言は今後の展開にとって・・・・のひとつの区切りとみなされねばならない。

　この過程では、まず、ヨーロッパに照準をあわせた思索が教育政策上の意図と多分に結びついている。ここでは、ヨーロッパの高等教育機関のあいだで学生や教員の移動を促進することが目指されている。これはいずれにせよ、早くも1988年に――やはりボローニャで開催された――ヨーロッパ学長会議によって取り決められた大学憲章 (Magna Charta Universitatum) の主旨でもあった。これは、EU加盟国の国家元首・政府代表による、1992年のマーストリヒト条約で明示された教育政策・学術政策をめぐる決定の前段階に位置していた。この路線で、5年後の1997年に、いわゆるリスボン会議 (Lisbon Recognition Convention) が開催された。この会議では、大学間の移動を容易にするため、部分的な資格と修了証を相互承認するよう、ヨーロッパ会議およびユネスコのヨーロッパ地域の加盟国が調整をはかった。この決議と宣言では、各国の高等教育制度とその伝統の多様性を十分に尊重したうえでヨーロッパ規模での移動を促進し、大学カリキュラムが本来的にもつ内容の違いを維持したまま学位や修了資格の法的な等価性を保証することがめざされた。マーストリヒト条約・リスボン会議で示された統制をはかるための方策は、この点で、本質的には間接的な性格をもつにとどまる。それにもかかわらず、国際的な、また国境を越えた政府組織のために適切な財政資源と法的な拘束力を備えている点で、この方策は重要である。そのため、これはのちにボローニャ・プロセスを運用する際にも援用されることとなった。これに対し、まず、多額の財源を備え、ヨーロッパ内の移動を支えるプログラムとして、ソクラテス (Socrates) とレオナルド・ダ・ヴィンチ (Leonardo da Vinci) が展開した。そして、相

互承認をおこなう互換補助として構想されたヨーロッパ単位互換システム (European Credit Transfer System, ECTS) がつくられた。最後に、透過性の促進にむけて導入された学位補遺 (Diploma Supplement)、すなわちコメントを付した証書付録が採用された。

　こうした背景のもと、1998年5月のソルボンヌ宣言は、決定的な転換点となり、多くの帰結をもたらした。従来のヨーロッパ政策にかかわる高等教育言説は、移動の促進に焦点をあて、ヨーロッパ・アイデンティティを形成しようとしていた。これは宣言で、いっそう具体的に受容され、十全な構想のもとでの改革モデルとして提示されている。そういったものとして、拡散理論から予測できるとおり (Strang/ Meyer 1993)、このモデルは他のヨーロッパ諸国の大臣から賛同を得、関心を呼んでいる。その結果、1999年のボローニャ会議よりも前に、ソルボンヌ宣言にはさらなるEU諸国が加入し、この宣言によって広まったモデルを採用した。このことから、宣言は信任されたとみなせる (Witte 2006: 129ff.)。また、ヨーロッパ委員会、その傘下での高等教育を治めるEU加盟国の該当省代表による会議、ヨーロッパ学長会議などがそれぞれ等しく関与・協力していたことが、パリで構築された「イメージされたモデル」をいっそう勢いづけた。ヨーロッパ規模で活動する諸組織の結びつきによってこそ、このモデルは組織による保護とコミュニケーションによって媒介された影響力を獲得できるのである。こうしてみると、その後1999年6月にボローニャで締結された《ヨーロッパ諸国の文相による共同宣言》自体は、新たな方向に向かったものではない。この宣言によって、パリでつくられたモデルの「制度化」と拡散は、さらに促進され、明確になった。けれども、このボローニャでの宣言は何よりも、モデルの「制度化」と拡散を請け負ったものであり、それに対する最初の決定的な一歩なのである。「制度化」と拡散の関

連は密接に構想されてはいるが、一般的な目標設定や宣言によって広まった組織としての措置にのみ導かれたものではない。この関連はむしろ、「われわれの大学の構造と修了資格の基本構造をさらに共通化させる」という主導的なヴィジョンの設定によりもたらされている。このヴィジョンによって、1998年5月のソルボンヌ宣言のみならず翌年のボローニャ宣言でも、それまでのヨーロッパにおける諸条約、つまりマーストリヒト条約 (1992年、第126条) やアムステルダム条約 (1997年、第149条) でとられた教育政策の蓄積や助成の基本方針とは異なる方途を探ることとなったのである。

19世紀にヨーロッパ諸国の国民形成に寄与したとされる大学の諸機能のごとく、ボローニャ宣言では調印した29カ国が「大陸の全体発展」に義務を負うという目標設定を大枠でおこなった。これに対しては、「ヨーロッパ市民性」の強化、ひとつの「価値共同体」・「共通の社会・文化的空間」にむけて一般化された帰属意識の仲介といった、社会−文化政治的な目標が大枠で立てられた。しかし、グローバル化した環境において大陸ヨーロッパとして自己主張をするために、具体的な目標にも重点がおかれている。それは、ヨーロッパ市民に「労働市場に直結した資格付与」を推進し、新千年紀の課題に立ちむかう基盤としての「知のヨーロッパ」を実現し、ヨーロッパの高等教育制度の「国際競争力」を強化し、ヨーロッパ独自の文化的・学術的伝統にみあった「世界規模での魅力」をたしかなものにしようといったものである。これらの目標を達成するため、制度上の調整がなされることとなった。それ以来、この調整が大半のヨーロッパ諸国で高等教育改革の議論や計画を決定づけている。これに対しては、以下の方策がとられている。

- 互換可能・比較可能な修了資格をそなえた制度の導入
- 最短3年間の課程で「労働市場に直結する」資格を得て修了する

という、段階を設けた大学制度の実現
- ECTS にもとづいた体系的な評点の導入
- 学生と教員の移動の促進、その際に生じる諸問題・承認にかかわる障壁の除去
- 質の保証にむけたヨーロッパ内の共同作業
- 内容的な観点も含めた (高等教育カリキュラムの分野でのもの、統合された大学カリキュラムやモジュールの発展によるもの、あるいは共同研究の強化によるものといった)「ヨーロピアン・ディメンション」の推進

　1998年・1999年に基本方針として新たな構造化モデルが確認されたことにつづき、2年ごとに継続会議が開催されている。これは、さらに参加国を増やして組織されたボローニャ・フォローアップ・グループ (Bologna Follow-Up Group, BFUG) によって主催されている (BFUG Members 2005)。2001年のプラハ、2003年9月のベルリンでの大臣会合後、これまでのところ最後となっている継続会議は2005年5月にベルゲンで開催された (それぞれの膨大な文書については以下を参照されたい; Berlin Communiqué 2003; Bergen Communiqué 2005)。さらに、ロンドン(2007年)、またベネルクス三国の共催によりルーヴェン (2009年) で次回以降の会議が開催されることになっている。これらの会議の最終的な公式声明 (コミュニケ) には、4か国 (パリ) による宣言が、29か国 (ボローニャ)、33か国 (ベルリン) そして現在では45か国へと加盟国数を伸ばすことに成功し、ひじょうに驚くべき速度と範囲で拡散が展開していると記されている。それにとどまらず、さまざまな外交上のレトリックを除くと、ボローニャ・プロセスで追求された目標設定の重心が移動していることが、コミュニケからはきわめて明確に読みとれる。ヨーロッパ政策と結びついた——学生、教員、そして行政担当者の——移動と同様、1999年の

宣言でも示されたように、最高の(とくにまた国際的に通用する)頭脳、最新の知、自らの経済力の強化をめぐるグローバルな競争下で、ヨーロッパの高等教育制度の水準の高さと魅力は、たえず強調されている。ところが、ヨーロッパの高等教育諸制度(1997年のリスボン宣言まで用いられていた表現)が多彩・多様であることを確認していたにもかかわらず、ヨーロッパのひとつの高等教育制度(1999年のボローニャ宣言以来好んで用いられる表現)の質の保証にまつわる懸念が肥大している。そして結果的に、ヨーロッパ規模で賛同を得た質の保証が、あらゆる取り決めの頂点へと移動した。これにともなって、——ヨーロッパの高等教育空間を実現するための「核心」として明示されたように——1998年に設立されたヨーロッパ質の保証のネットワーク(European Network of Quality Assurance: ENQA)の価値が引き上げられた(ENQA 2006)。さらには、これと同程度に重要とされるふたつめの柱、すなわちヨーロッパの研究空間としての強化をめぐって、ヨーロッパの高等教育空間の促進が補完された。これらと並行して、さいごに、先の決定において重要な位置を占める社会政策・文化政策にかかわる目標設定がまとめられた。こうして、技術と科学に媒介されて競争力を得たヨーロッパ知識社会、知に立脚した経済において、これらの目標設定が大きな意味をもつようになったのである。このように重心の移動を伴いながら、プラハおよびベルリンの最終コミュニケは、その間に結ばれた鍵となる別の文書とかかわりをもっている。その文書とは、EUの国家元首・政府代表によって2000年3月のリスボン・サミットで決定された、いわゆるリスボン戦略のことである。リスボン戦略は、類をみない政治的な拘束力をもつこととなった。ここでは、教育政策・高等教育政策・研究政策を、社会政策・雇用政策・国庫政策・経済政策とあわせ、新たな課題が位置づくより包括的な文脈に組み込んでいる。この課題は、経済関係のグローバル化や科学・技術にかかわる知の急激な増大と

結びついている。「大掛かりな移行 (quantum shift)」に直面しているこの状況下で、「グローバル化と新たな知によってもたらされた経済的な課題により、（中略）EU は今日、次の 10 年に向け、新たに戦略目標を定めた。それにより、世界中で最も競争力をもち、知にもとづいたダイナミックな経済体となることがめざされた」(Presidency Conclusions 2000)。

　これら一連のマニフェスト、諸協定、諸条約そして EU の評議会決議といった流れは、依然補完されるべきものである。この流れは、まさにその連続的な構造において、「ボローニャ」という題目のもとですすむ過程を理解するにあたり、重要な鍵である。ユーロなどの導入や EU 拡大政策といったヨーロッパ政策の他の領域にもみられるように、ヨーロッパ規模での世論形成過程がつくりだされている。この過程は、国際会議・政府間の調整会談・専門家の会合といった枠組み内で繰り返し採用され、つねに新たな裏づけを得て正当化される原理・計画に対する説明・モデルを擁している。それによって、この過程は独自の推進力と影響力を発揮することとなる。ところが、あるときから、討議による再考が不可能となり、その決定にかかわる人・組織にとっては、他の選択肢をとる可能性が狭まってゆく。すでに BFUG の活動が証明しているように、世論形成過程がより複雑なコミュニケーション構造から生まれるほど、上述の問題状況に陥りやすい。このコミュニケーション構造においては、ある一定期間に調整をはかられ、採用され、繰り返し裏づけられた言説が、さまざまな位相・所轄部局・団体間での多様な相互作用のかたちをとり、組織によって補強される。BFUG では、すべての参加国が（各国の省や学長会議の代表者として）内部でかかわりあっているにとどまらない。その意味で、この特徴が認められる。BFUG のコミュニケーション構造には、多くの国際的な組織や国家間、また超

国家的組織——とくにヨーロッパ議会やEU委員会をさす——が結びついている。ここでは以下の組織をあげることができる。
- 高等教育におけるヨーロッパ質の保証のネットワークのアソシエーション（ENQAの後継機関）
- ヨーロッパ大学協会（EUA）（かつてのヨーロッパ学長会議の後継決定機関として）
- ヨーロッパ高等教育機関協会（EURASHE）（即戦力志向の職業教育高等教育機関の連盟として）
- 教員および学生連盟のヨーロッパの上部団体（教育インターナショナル（EI）やヨーロッパ学生連盟（ESIB）など）
- 企業家組織や労働組合のヨーロッパ内の上部団体（ヨーロッパ産業連盟（UNICE）やヨーロッパ労働組合委員会教育小委員会（ETUCE））

さらに、各国の中央で活躍する専門家、審議委員会、開発エージェント（ドイツの大学開発センター（Centrum für Hochschulentwicklung）、イギリスの高等政策フォーラム（High-Level Policy Forum）やオランダの高等教育政策研究センター（Center for Higher Education Policy Studies））にとどまることのない、ヨーロッパ・レベルでのそれらのインフォーマルなネットワークと交流の過程をあげねばならない。さまざまな——各地の、国家の、国際的な、そして国境を越えた——レベル・組織・専門家集団が討議によって相互に作用し、多層に絡みあったコミュニケーション構造がつくられた。その類型などについては、シャボットとラミレス（Chabbott/ Ramirez 2000: 173ff.）が「経済・政治・文化的発展と教育」との関連で分析し、わかりやすく図示している。両著者によれば、こうした横断的に絡み合ったコミュニケーション構造は、「進歩」・「発展」・「公正」といった先導的な原理を求める討議を合理的に継続させたり、それを専門化するにとどまらない。そして、この構造は、常に要求される「会議－宣言－各国での計画」というサイクルに対し触媒として働くにとどまらない。それはむしろ——

組織のレベルにありがちな強要・模倣・規範的な圧力といったものを越えた (Powell/ DiMaggio 1991: 67ff.) ──、先に述べたような横断的なコミュニケーション構造なのである。これは、国際的なレベルでみれば、「世界文化的な青写真」を討議によって固め、社会的に受容し、文化的に制度化する際の決定的なメカニズムとして機能しており、それによって政治上の継承がなされ、組織として一様化する (同型になる) 過程を導く。この意味で、ヨーロッパの新しい「高等教育の文化的青写真」といわれるボローニャ・モデルは、高い密度と複合性をもつ横断的なコミュニケーション構造によって正当化され、制度化される。そのとき、このモデルは教育政策上の一致をめざす計画に対し、正当化をおこなう機関へと突如として姿を変える。いいかえれば、このモデルは、はじめに素描した意味で、「神話」であるにもかかわらず突如「合理化」されるのである (「合理化された神話」)。先述したように、ボローニャ・プロジェクトは (ひとつのヨーロッパの研究空間という補完的なプロジェクトをめぐり) ひとつのヨーロッパの高等教育空間から構想として拡張され、かつ、因果的な目的－手段－分類をめぐって、全体社会にとって正当な目標設定 (「大陸の全体発展」とグローバルな競争におけるその科学・技術的、経済的な成功) と結びつけられれば、さらに推進される。

4 再文脈化としての教育政策の実施

　新制度学派の概念である「合理化された神話」が、──政治的レトリックと実際の採用、正当性を求める意図と構造が実際に変化することへの同意、あるいは「発話 (talk)」と「行為 (action)」(Brunsson 1989) といったものがそれぞれ乖離してゆく状況を記述するにあたって──その示唆を含めて正当であるとする。すると、ヨーロッパ諸国では、さまざまな、そして受容の程度も異なるボローニャ・

プロセスの実施状況が多様性をもって観察されるはずである。もっとも、この展望のもとで妥当な比較をおこなうには、観察期間が依然としてあまりに短い。だが、これまでになされた分析から、ある傾向のもとに予測が可能となる (Kivinen/ Nurmi 2003; Alesi/ Bürger/ Kehm/ Teichler 2005; Kehm/ Teichler 2006; Witte 2006 を参照されたい)。これらの分析によると、各国での改革の努力やその結果が、予期していなかった方向にそれぞれ向かっているという。ボローニャの基本方針とモデル・イメージを一般政策として受容し（政策の公式化）、これを実際に組みかえてゆく（実施）過程で——すくなくとも数か国で——大きな矛盾が生じているというのである。そして、モデル・イメージや受容のありかたには一貫して正当性が付与されるべきだとされる。これは、国際スタンダード、モデル、あるいは成功の程度に対して、ヨーロッパ各国が選択的に立ち返って実施しているという点から確認できる。「国家レベルでは、制度的な状況がもつ決定的な影響と行為者間の相互作用から生まれるダイナミクスによって、ひじょうに多様な改革がおこなわれた。（中略）各国の政策の公式化のプロセスにとって決定的な転換点では、（中略）本研究でとりあげられた高等教育制度はすべて、顕著に内向きであることが示された。それぞれの政策公式化過程は、各国で突き動かされた固有のダイナミクスによってもたらされている。そして、国際的な役割を果たすモデルは、行為者である各国の優先事項を正当化するためにのみ用いられたのであり、問題を真に収束させるために用いられたのではない」(Witte 2006: 483ff., ここでは504頁を引用、強調は筆者による；同様のものとして、Kivinen/ Nurmi 2003: 101; Cowen 2006: 8)。

　こういった知見は、政策プログラムとその組織上の実施のあいだにある「ゆるやかな結合」という定理に、明瞭に対応している (Meyer/ Rowan 1977: 353ff.)。その知見は、このとき、国境を越えてつくられ

るモデルが再文脈化することにより移行し、獲得されるという、制度の変化を論じた比較研究で明らかにされたメカニズムをとおしてつくられる。このとき、モデルは、制度として所与のもの、社会・文化的な状況、そして歴史的に広く認められる解釈枠組みに応じてつくられている。このメカニズムは、「多様な形態をとる構造モデルに向かって、国境を越えて運び出される抽象的かつ普遍的とされるモデルへと、いたるところで」整然と展開してゆく。「このとき、普遍的とされるモデルは、制度として実現するに伴い、さまざまな国政上の枠組み・前例、法・行政上の規則、社会的な労働分担の形式、学問をめぐる文化、あるいは文化的な抽象システムとかかわりをもつ」(Schriewer 1994: 33; 同様のものとして Schriewer/ Caruso 2005)。拡散・受容に関する研究の成果によれば、ボローニャ・プロセスとともに追求された一致・調和をめざす戦略の実施は、制度にかかわるさまざまな位相と論理が相互に作用しあう多層的な過程としてイメージされねばならない。ヨーロッパ・レベルで「イメージされた」モデルは、この過程でさまざまな規模の変化を帰納的に導く。しかしそれにとどまらず、このモデルは、そのつど文脈に応じて再構築されるのである（以下を参照されたい；Kaelble/ Schriewer 2003; Steiner-Khamsi 2004）。

　こうした相互作用や再文脈化をすすめる出発点がととのっている場合、すでに国家レベルで教育政策をめぐって何らかの問題が存在し、権威ある行為者はこれを認識している。この状況のもと、先に示したように、1998年春の4人の大臣の会合の準備が実現したのである。ドイツにおいてボローニャ・プロセスが――これはほとんどの連邦州の法整備や目標設定を裏づけている――多くの帰結を伴いながらも追求されており、クリュッケン (Krücken 2005) がノルトライン゠ヴェストファーレン州の事例から明示したように、さらに各

省が統制をはかる「トップ・ダウンの」方法を採用しているという2点は、驚くにあたらない。そういった方法は、ドイツの高等教育政策担当者に支配的な問題認識や、ソルボンヌ宣言以前から着手されていた大学大綱法への新条項追加に一貫している。これに対し、イギリスは、ボローニャ・プロセスに懐疑的な態度をとり反発を示していると理解されうる (Witte 2006: 354; Cowen 2006)。イギリスの高等教育機関は、とにもかくにも、連続的に段階を設けた大学課程をすでに持っている。そして、この課程のみならず、ボローニャ・モデルの中核的な要素は、歴史的な発展の結果として制度上実施されている。この限りにおいて、改革要求などはみてとれない。しかし、こうしたイギリスの自己認識のみがここで重要なのではない。むしろ、イギリスの総合大学では、高度に制度的な自治が可能なのである。この自治は伝統的に、修了資格やカリキュラムだけでなく、単位 (credit) 認定や制度をも自律的に決定する機能をあわせもっている。その結果、制度・専門職・専門性そして／あるいは質といった、各段階に特徴的な高等教育修了資格に多様性が生まれた。これらは、伝統的な国家集中型の高等教育制度を擁していた大陸ヨーロッパにとっては、まさに「野性」とみなされるものであった (Witte/ Rüde/ Tavenas/ Hüning 2004: 35)。ボローニャ・プロセスの論点にもとづいて、(総時間数にもとづいたものであり能力にはもとづいていない ECTS など)ヨーロッパ規模で標準化された評点システムや、(ENQA による) 質を保証する方法にかかわるプログラムが展開した。ここで決定的なのは、従来型のイギリスの自治が、これらのプログラムとはまったくもって相容れないとみなされている点である。くわえて、イギリスが大陸ヨーロッパと大きく異なるのは、主とする参照先をどこに置くかという点にある。イギリスが、もっぱら国際的な状況に照準を合わせており、ヨーロッパに照準を合わせていないことは明らかである。それらは、サッチャー政権期より発達した精神的なハビトゥ

スと関連している。このハビトゥスは、協働よりも競争に全幅の信頼を置いている。このばあい、ヨーロッパ内での協働 (cooperation) よりも、国際的な競争 (competition) に比重が置かれる。したがって、イギリスの高等教育およびその政策担当者にとって自らをそこに位置づけ、かかわりを持つことが望まれる組織は、アメリカ合衆国の主要な研究大学であり、威信の小さい大陸ヨーロッパの高等教育機関ではない。市場というかたちをとった世界規模の競争という圧力のもと、イギリスの大学は高額な授業料を要求しうる海外の学生を得ようと躍起になる。そこでは、ヨーロッパ内の移動プログラムに対する関心はあまり示されない。これは、EU からの学生が、イギリス人学生と同様、割り引かれた授業料しか納めないことに起因する。端的にいえば、イギリスの総合大学と政治家にとっては、ボローニャという「神話」は見たところあきらかに正当性を得る可能性が小さい。そのため、ボローニャ「神話」は、「合理化された神話」を特徴づける性質をまさに欠いているのである。イギリスでのボローニャ・プロセスをめぐる政策は、理論モデルとしての「神話」で覆い隠せたはずの観点を今日なお根拠としている。つまり、この政策は、歴史上の個々の行為の文脈や、その文脈に独自の問題解決の必要性をよりどころにしているのである。「イギリス政府は、これ（すなわち質の保証―筆者による補足説明）に関して、地域および国のレベルで特定の構造・システム・要求にみあう、各国に独自のアプローチが必要とされる、という見解を示している」(Cowen 2006: 13f. における引用）。

　各国ごとの違いを生む再文脈化は、また、さまざまな法・憲法の伝統と、ヨーロッパの総合大学をめぐる各国独自の自己理解によってもたらされている（ドイツ、イングランド、そしてスペインで歴史―憲法・法的に形成された「大学の自治」や「学問の自由」に関する枠組みに

第9章 「知のヨーロッパ」という新しい神話

ついては、以下を参照されたい；Pritchard 1998; Vidal 1999)。再文脈化は、とりわけ、さまざまな伝統・制度・社会的な解釈枠組みにおいて影響をもつ文化的な意味の次元でもおこっている。このことは、たとえばボローニャ宣言で採られた大学前期課程の目標として掲げられた「雇用可能性 (employability)」にあてはまる。この用語がイギリスの学部教育 (undergraduate education) になじみのある実践に由来していることは明白である。イギリスの学部教育では、早期にディシプリンを深化することによってまず人格形成がなされ、形式的な能力を獲得したうえで各企業・業種内での卒業生実習プログラム (graduate trainee programs) を通じ、早期に雇用関係へ移行できるようになっている (Johnston/ Elton 2005)。ボローニャ・プロセスの用語は、各国の社会的・象徴的な進路システムに採用されるとき、強い言語的制約のもとで翻訳される。たとえば、象徴的にひじょうに多くを含意しているドイツ語の Beruf という概念が、「職業能力 (Berufsfähigkeit)」(Wissenschaftsrat 2000: 119) や「職業資格付与 (Berufsqualifizierung)」(KMK 2003; 大学大綱法第19条第2項) など、さまざまに用いられていることを考えてみてほしい。こういった翻訳によって、モデルを解釈・誤認したばあい、制度としてどのような帰結がもたらされるのか、全体としてはほとんど見通しが利かない。しかし必然的に、そういった類の翻訳・解釈・誤認は、大学課程を新しく構築するときのみならず、とりわけ伝統的な職業──法律家、理論家、医師、建築家、そしてエンジニア──とそれらの団体・学部・学部会議により抵抗が起こるときにみられたし、今日でもみられる（これはドイツに限ったことではない）。

　結局、再文脈化やシステムの相互作用過程として描写されるボローニャ・プロセスを各国で実施する試みは、意図しなかった、あるいはまったくもって反生産的な──この意味で「倒錯した」──

効果を生み出すことを余儀なくされている (Boudon 1989)。そのため、新たに定義づけられた大学課程をめぐる最初の経験からは、ヨーロッパ規模で学生の移動が増すのではなく、むしろ在学期間の短縮やモジュール化による規制の強化がひきおこされると容易に推察しうる。さらに、スペインの「学科目 (asignaturas)」にかかわる経験からわかるように、適切だとみなされた教科書がもちいられると、教授・学習内容全体はモジュール化され、固定化される傾向にある。そのため、学問の教授に関わる自由にとって当然とされていた研究によって支えられた知の流れが衰退にむかうのではないかという懸念が生まれている。くわえて、結果として、国境を越えて機能するENQAがもつ将来的な基準と尺度が、公的に管理された学問に対し、実際に革新を阻止するのではなく、その促進にむかうよう作用するかどうか、保証しえないのである。これは、EUによって促進された《ヨーロッパにおける教育構造の調整 (Tuning Educational Structures in Europe)》プロジェクトが、汎ヨーロッパ的な計画への熱狂的な態度であることを想起させる (González/ Wagenaar 2003, 2005)。さらに言いかえれば、宣言や戦略でくりかえし強調された「知のヨーロッパ」が、世界規模の競争力や魅力をほんとうに主張できるか、という点についてはまだ予測ができない——「ボローニャ」、これはこの先しばらくは、結局ひとつの「神話」にとどまるのではないか？

<インターネットからの出典>

Bergen Communiqué (2005): The European Higher Education Area–Achieving the Goals. Communiqué of the Conference of the Ministers responsible for Higher Education, Bergen, 19-20 May 2005. http://www.bologna-bergen2005.no/Docs/00-Main_doc/050520_Bergen_Communique

Berlin Communiqué (2003): Realising the European Higher Education Area. Communiqué of the Conference of Ministers responsible for Higher Education in Berlin on 19 September 2003. http://www.bologna-berlin2003.de/pdf/

comunique1.pdf.
BFUG Members (2005): http://www.bologna-bergen2005.no/B/BFUG_members/ 1BFUG_Memb.HTM
ENQA (2006): European Network for Quality Assurance in Higher Education. http://www.enqa.eu/index/lasso.
Presidency Conclusions (2000): Lisbon European Council, 23 and 24 March 2000, pp. 1-2. http://europa.eu.int/ISPO/docs/services/docs/2000/jan-march/doc_00_8_en.html

＜引用参考文献＞

Alesi, B./ Bürger, S./ Kehm, B. M./ Teichler, U. (2005): *Bachelor- und Master-Studiengänge in ausgewählten Ländern Europas im Vergleich zu Deutschland.* Bonn/ Berlin: Bundesministerium für Bildung und Forschung.

Allègre, C. (2000): *Toute vérité est bonne à dire. Entretiens avec Laurent Joffrin.* Paris: Robert Laffont & Fayard.

Arbeitskreis Hochschulgesamtplan (1967): *Hochschulgesamtplan Baden-Württemberg. Bildung in Neuer Sicht, Reihe A Nr. 5.* Villingen: Neckar-Verlag.

Ash, M. G. (2006): Bachelor of What, Master of Whom? The Humboldt Myth and Historical Transformations of Higher Education in German-Speaking Europe and the US. In: *European Journal of Education* 41, S. 245-267.

Attali, J. et al. (1998): *Pour un modèle européen d'enseignement supérieur. Rapport de la Commission présidée par Jacques Attali.* Paris: Stock.

Becker, F./ Reinhardt-Becker, E. (Hrsg.) (2006): *Mythos USA. „Amerikanisierung" in Deutschland seit 1900.* Frankfurt am Main: Campus.

Berger, P. L./ Luckmann, Th. (1970): *Die gesellschaftliche Konstruktion der Wirklichkeit.* Frankfurt am Main: S. Fischer. (バーガー、P.L./ ルックマン、Th.（2003）『現実の社会的構成——知識社会学論考——』(山口節郎訳)新曜社、新訳)

Berlinguer, L. (2001): *La scuola nuova.* Roma: Laterza.

Boli, J. / Thomas, G. M. (1999): *Constructing World Culture. International Nongovernmental Organizations since 1875.* Stanford, CA: Stanford University Press.

Boudon, R. (1989): *Effets Pervers et ordre social.* Paris: Presses Universitaires de France & Quadrige.

Brunsson, N. (1989): *The Organization of Hypocrisy. Talk, decisions and actions in organizations*. Chichester etc.: John Wiley & Sons.

Chabbott, C. / Ramirez, F. O. (2000): Development and Education. In: Hallinan, M. T. (Hrsg.): *Handbook of the Sociology of Education*. New York, Dordrecht etc.: Kluwer, S. 163-187.

Cowen, R. (2006): *The Bologna Process and the UK*. Unpublished manuscript, London: University of London Institute of Education.

Drori, G. S./ Meyer, J. W. / Hwang, H. (Hrsg.) (2006): *Globalization and Organization. World Society and Organizational Change*. Oxford: Oxford University Press.

Drori, G. S./ Meyer, J. W./ Ramirez, F. O. / Schofer, E. (2003): *Science in the Modern World Polity. Institutionalization and Globalization*. Stanford, CA: Stanford University Press.

González, J./ Wagenaar, R. (Hrsg.) (2003): *Tuning Educational Structures in Europe. Final Report, Phase One*. Bilbao: Universidad de Deusto.

González, J./ Wagenaar, R. (Hrsg.) (2005): *Tuning Educational Structures in Europe II. Universities' Contribution to the Bologna Process*. Bilbao: Publicaciones de la Universidad de Deusto.

Hasse, R./ Krücken, G. (²2005): *Neo-Institutionalismus*. Bielefeld: transcript.

Huber, M. G. (1999): *"Qualified in Germany – eine Initiative für das 21. Jahrhundert". Memorandum zur künftigen Rolle der Bundesrepublik Deutschland auf dem internationalen Bildungsmarkt*. Bonn: DAAD.

Jallade, P. (Hrsg.) (2004): Le processus de Bologne à mi-parcours. In: *Politiques d'éducation et de formation (numéro thématique)* 12, S. 7-116.

Johnston, B./ Elton, L. (2005): German and UK higher education and graduate employment: the interface between systemic tradition and graduate views. In: *Comparative Education* 41, S. 351-373.

Kaelble, H. / Schriewer, J. (Hrsg.) (2003): *Vergleich und Transfer. Komparatistik in den Sozial-, Geschichts- und Kulturwissenschaften*. Frankfurt am Main: Campus.

Kehm, B. M./ Teichler, U. (2006): Which direction for bachelor and master programmes? A stocktaking of the Bologna process. In: *Tertiary Education Management* 12, S. 269-282.

Kivinen, O. / Nurmi, J. (2003): Unifying Higher Education for Different Kinds of Europeans. Higher Education and Work: a comparison of ten countries. In: *Comparative Education* 39, S. 83-103.

第9章 「知のヨーロッパ」という新しい神話 171

KMK (2003): *10 Thesen zur Bachelor- und Masterstruktur in Deutschland. Beschluss der Kultusministerkonferenz vom 12.06.2003*. Bonn: Sekretariat der Ständigen Konferenz der Kultusminister der Länder in der Bundesrepublik Deutschland.

Krücken, G. (Hrsg.) (2005): *Hochschulen im Wettbewerb – Eine Untersuchung am Beispiel der Einführung von Bachelor- und Masterstudiengängen an deutschen Universitäten*. Bielefeld: Universität Bielefeld, Fakultät für Soziologie.

Lorenz, C. (2006): Higher Education Policies in the European Union, the "Knowledge Economy" and Neo-Liberalism. In: *Social Europe* 2, S. 78-86.

Meyer, J. W. (2005): *Weltkultur. Wie die westlichen Prinzipien die Welt durchdringen*, hrsg. G. Krücken. Frankfurt am Main: Suhrkamp.

Meyer, J. W. / Ramirez, F. O. (^{2}2003): The World Institutionalization of Education. In: Schriewer, J. (Hrsg.): *Discourse Formation in Comparative Education, second revised edition*. Frankfurt am Main: Peter Lang, S. 111-132.

Meyer, J. W./ Rowan, B. (1977): Institutionalized Organizations: Formal Structure as Myth and Ceremony. In: *American Journal of Sociology* 83, S. 340-363.

Palomba, D. (2004): Le processus de Bologne en Italie. In: *Politiques d'Education et de Formation* 12, S. 53-62.

Pasternack, P. (2001): Bachelor und Master – auch ein bildungstheoretisches Problem. In: *Zeitschrift für Erziehungswissenschaft* 4, S. 263-281.

Powell, W.W./ DiMaggio, P.J. (Hrsg.) (1991): *The New Institutionalism in Organizational Analysis*. Chicago: The University of Chicago Press.

Pritchard, R. (1998): Academic Freedom and Autonomy in the United Kingdom and Germany. In: *Minerva* 36, S. 101-124.

Ramirez, F. O. (2006): Beyond achievement and attainment studies – revitalizing a comparative sociology of education. In: *Comparative Education* 42, S. 431-449.

Ravinet, P. (2005): *The Sorbonne meeting and declaration: Actors, shared vision and Europeanisation. Paper presented to the Second Eurodocs International Conference*. Bergen: Stein Rokkan Center for Social Studies.

Schaefers, C. (2002): Der soziologische Neo-Institutionalismus. In: *Zeitschrift für Pädagogik* 48, S. 835-855.

Schriewer, J. (1983): Hochschulwesen: Frankreich. In: Lenzen, D. (Hrsg.):

Enzyklopädie Erziehungswissenschaft, Bd. 10: Ausbildung und Sozialisation in der Hochschule. Stuttgart: Klett-Cotta, S. 546-555.

Schriewer, J. (1994): Welt-System und Interrelations-Gefüge. Humboldt-Universität zu Berlin, Öffentliche Vorlesungen, Band 34. Berlin: Humboldt-Universität.

Schriewer, J./ Caruso, M. (2005): Globale Diffusionsdynamik und kontextspezifische Aneignung: Konzepte und Ansätze historischer Internationalisierungsforschung. In: Schriewer, J./ Caruso, M. (Hrsg.): Nationalerziehung und Universalmethode – frühe Formen schulorganisatorischer Globalisierung. Leipzig: Leipziger Universitätsverlag, S. 7-30.

Schwarz-Hahn, S. (2003): Leistungspunkte – Credits – Bonuspunkte? Auf dem Weg zu mehr Kompatibilität im Dickicht der Lehr- und Lernumfangsmessungen. Kassel: Wissenschaftliches Zentrum für Berufs- und Hochschulforschung.

Steiner-Khamsi, G. (Hrsg.) (2004): The Global Politics of Educational Borrowing and Lending. New York: Teachers College Press, Columbia University.

Strang, D. / Meyer, J.W. (1993): Institutional conditions for diffusion. In: Theory and Society 22, S. 487-511.

Vidal, C. (1999): Zur Lehrfreiheit in Spanien. In: Wissenschaftsrecht 32, S. 303-314.

Wissenschaftsrat (2000): Beschäftigungssystem – Hochschulausbildung – Studienreform: Stellungnahme und Empfehlungen. Köln: Wissenschaftsrat.

Witte, J. K. (2006): Change of Degrees and Degrees of Change. Comparing Adaptations of European Higher Education Systems in the context of the Bologna Process. Enschede: Center for Higher Education Policy Studies, University of Twente.

Witte, J. K. / Rüde, M./ Tavenas, F. / Hüning, L. (2004): Ein Vergleich angelsächsischer Bachelor-Modelle: Lehren für die Gestaltung eines deutschen Bachelor? CHE Arbeitspapier Nr. 55. Gütersloh: Centrum für Hochschulentwicklung.

(木下江美訳)

＜訳者解題＞
　本稿は、2007年4月、ドイツの『教育学雑誌(Zeitschrift für Pädagogik)』(第

53巻第2号）に掲載された、"Bologna"–(ein neu-europäischer) "Mythos"?を初出とするボローニャ・プロセスへの批判的考察である。該当の『教育学雑誌』では、シュリーヴァー氏も中心となって「教育政策・教育学におけるグローバル・プレイヤーとしての国際組織」という特集が組まれている。本稿は新制度学派のアプローチによって、教育をめぐる国際組織を論じたこの特集の一角をなしている。

　本稿では、それまで各国間で進められていた高等教育改革をめぐる議論が、1998年のソルボンヌ宣言、1999年のボローニャ宣言によって「ひとつのヨーロッパ」を目指した改革と同調して更に展開してゆく過程が示されている。ヨーロッパ統合の過程では、高等教育もその議論の対象となってきたが、教育制度に対する主権をめぐって各国からの反対もあり、これが大規模に展開したのは1980年代後半に入ってからであった。1987年よりスタートしたエラスムス・プログラムは、端的にいえばEC域内での学生の短期留学を大学間協定にもとづいて促進することをねらいとした。これに中東欧の大学も徐々に加盟し、ヨーロッパ規模での移動が促進された。1987年から2002年までに、のべ100万人の学生がこのプログラムに参加した。この間に、本稿でも取り上げられたECTSが導入され、また、学生のみならず教員や研究上の移動にも重点がおかれるようになった。

　こういった背景のもと、まずソルボンヌ宣言が、つづいてボローニャ宣言が締結された。ボローニャ・プロセスとは、2010年までに本稿でも示された具体的な目標を達成する試みのことをいう。従来のプログラムに対するボローニャ・プロセスの特徴は、なんといっても、ひとつの「知のヨーロッパ」という次元に狙いをさだめて構想されていることにある。その実現のためにとられるECTSや質の保証のための操作によって、本来はEU統合によって高等教育制度の構造を統一することは想定されていなかったにもかかわらず、ヨーロッパに特有な大学院を有しない研究機関としての大学の構造、大学教育課程の構造が一致したかたちをとるようになった。また、生涯学習など、教育に関わるさまざまな領域も、これとあいまって制度化されてゆく流れにある。しかし、たとえばドイツでは、義務化する留学やインターンシップを限られた在学期間内にいかに組み込めるかが、学生にとっても高等教育機関にとっても大きな課題となっており、これらに対する策が徐々に練られている最中である。

　本稿は、こういった背景をもつボローニャ・プロセスの性格を、新

制度学派の枠組みによって分析し、さらに、このプロセスの展望に理論的視角から疑問を投げかけたものである。

＜著者の邦訳論文＞

「比較の方法と外化の必要性——方法論的諸基準と社会学的諸概念」(今井重孝訳)シュリーヴァー編著(馬越徹／今井重孝監訳)『比較教育学の理論と方法』(東信堂、2000年)

　ルーマンの社会システム論に依拠し、教育システムと学問システムをわけて検討し、比較教育と比較教育学の関係を洗い出したうえで、科学としての比較教育研究の方法——差異を論じる方法——を提唱している。

「社会間関係と準拠社会の構築／近代化プロセスと外在化——比較教育学の批判的再定義のために」(神谷純子／荒木和華子／太田美幸訳)『＜教育と社会＞研究』第13号 (2003年)

　上とおなじくルーマンの社会システム論に依拠し、社会－史的な文化横断的な比較はいかにして可能となるのか、その反省理論が内包する外在化という性格に着目して論じている。これは、近代国民国家という比較の単位を問いなおす作業ともなっている。

「民主主義・国民国家・教育」(鈴木慎一訳) 田中智志編『教育の共生体へ——ボディ・エデュケーショナルの思想圏』(東信堂、2004年)

　デューイの議論を出発点に、社会・個人・教育の位置関係を考察した論文。グローバル化を背景に教育や個人にとっての意味を変えてゆく国民国家をとらえなおし、比較教育の可能性を示唆している。

第10章　教育再生の道筋

——"一人称"の克服は可能か　　　　　鈴木慎一

1　国民国家と「国民」——デッサン

国民という概念と統治の基本形式1

　17世紀のイングランドで、政治算術（political arithmetic）を編み出したウイリアム・ペティ（William Petty 1690）は、グラント（John Graunt 1662）の人口統計学を利用して農民の平均寿命と農民の所有地を測地し、国庫に入る租税を計量的に推計して、王室財政の収支バランスを量的に把握する道筋を選んだ。この動きは、領土内に住む住民を、人々の誕生と洗礼を記録した教区（parish）の台帳を基にしつつ、「1」という単位に置き換えた一例である。この場面では、租税を徴収する場が農地であるが、地主と農民の農地を巡る関係がどのようなものであれ、教区を世俗的地方行政の「単位」にしながら、領地の広さ（面積）と住む人々の就労可能な人口を要素にして単位面積あたりの農業生産性を、農業就労者の平均寿命（平均総稼動時間）を媒介変数としながら公的に推計した試みであった。そこには、単位的土地としての「地理的生産空間」が構想されており、その空間に居住する人々が「1」という単位で数量化され、単位1の平均的生産性が平均寿命という数的変数によって媒介される単年度当りの「量」として措定されている。式1は、具体性と多様性に富むイングランドの地平とその生産性を、数量的に示すものになる。

$$「場」の生産性 = 稼動人口 \times 単年度平均生産量／人 \cdots\cdots 式1$$

　「場」を個人の所有する農地と置き換えても、あるいはイングランド全域、アイルランド全域等々に置き換えても、王国イングランドの年次当り徴集税額がこの式で算出される。その場合、「1」単位とされる住民や農民の固有名詞は消去される。

国民という概念と統治の基本形式2

　時代が18世紀に下って、ヨーロッパ大陸では東ローマ皇帝選挙侯の権益を巡る小王国間の戦争が続き、戦争の重税に疲弊した農民による反乱と鎮圧しようとする地主である王侯貴族層との間に農民戦争が続いていた。ドイツ領邦国家群のあいだから、疲弊した王室財政を回復させるための工夫が行われるようになり、「官房学」(Kameralkunde)と名づけられ、やがて「警察学」(Polizeywissenschaft)となり、更に時代が下ると国家学と呼ばれる知識と技術の体系が生まれた。この試みの先駆者の一人がプロイセン侯国の宮廷官僚ユスティ(Jus'ti 1756)である。

　ユスティの場合、領土に住む臣民は王侯貴族の財産で、その点では財産であるという意味において土地と変わりがない。領民に対して採られた政策は教会事務と国家事務に分けられていて、教育は教会の行政事項に位置づけられた。

　ペティの場合と、「人」は生産性を備えた財である点で、ユスティも変わるところがない。異なることは、行政が王侯貴族からの住民へ対する賜物(恩恵)と考えられた点と王侯の財産である臣民の道徳(品性)が重要視された点である。財の所有者が所有する財の管理を行うという図式ながら、それが古い社会関係の再生産として位置付けられ制度化されたことである。

臣民から国民へ

　イングランドもヨーロッパも、18世紀を過ぎて19世紀に時代が下った時点では、絶対王政が採られていた場合でも、住民は生産労働の人的単位の位置から、「国民」の位置へその足場を移していった。この過程は政治的革命の過程であり、産業革命の過程であり、知識革命の過程、文化的革命の過程である。教育の過程では、庶民の子どもたちに３Rを身につけさせ、読み書く人々を迎え援け、語る人々が社会へ出ることを支えた学習開放の過程であった。併行して、市民という新しい人間のイメージが確立されて、市民個人の価値観・世界観の等価性が原理的に広く承認され、統治の原則としての政治への住民参加が「一人一票」という方式で定着した。このとき、概ね、市民は「国籍」を持ち、「国語」「国史」「国土」「国教」を修学し、「国民文化」を身につけた「国民」へ形成された。一般に近代の文法と呼ばれるこの事実は、ヨーロッパに先ず成熟した政治・経済・文化・教育の共通項である。

　しかし、統治の基本形式の違いによって、近代の文法の内容には種々の差異がある。王権の存続を承認するか共和制を採るかで、「国民」概念は変わり、また英国ではスコットランド・ウエールズ・イングランド・アイルランドの各王朝の歴史を踏まえた「国家内『国家』」的構造があって、統治の正統性を巡る人々と地域の分断と混交が残った。

2　ヨーロッパの自己アイデンティティー

意味的空間の自立

　ヨーロッパとは何かという問いに、ヨーロッパの人々も種々の答えを出してきた。1828年にギゾー（Francois Guizot）はローマの滅亡

からフランス革命までのヨーロッパの歴史と創造について語り、ほぼ一世紀後の1932年にはクローチェ（Benedeto Croce）が第一次世界大戦とヨーロッパの崩壊と20世紀の全体主義の勃興について発言した。二人の発言は対照的である。前者はヨーロッパの形成と栄光を、後者はその解体と幻想を語っていた（Suzuki, 1996）。

クシュシュトフ・ポミアン（K. Pomian, 1990）はヨーロッパの起源に関して語りながら、"文字による公共の物"、或いは"文芸国家"(res publica literalia) が宗教改革の後にヨーロッパに生まれたことを挙げる。教育を受けた人々が新教と旧教とを問わず、大学やカレッジに集まり、ラテン語によって語り合い文通しあったことが、ヨーロッパの形成に重要な働きをしたという。エラスムスを読み、エラスムスに語り、そのラテン語によるコミュニケーション空間に参加するとき、人はその属する母体であるあらゆる人間的集団や関係から自由になりえた。「私」が旧来の「私たち」〔集団〕から独立して、ラテン語空間という意味世界、神学的体系とは別個の刷新された抽象的形而上的意味空間、ないし価値空間に「人々」として参画し、そこに実体 (res) としての文字 (literalia) による公共 (publica) が誕生したというのである。このとき、「人」は理性的で「ヨーロッパ」的で、その人々がもともと根付いていた地域は、王朝であれ国家であれ村落であれ、その"ヨーロッパ"（言語的世界空間）に対しては"ローカルなもの"（具体的な部分的周辺的 geo-body）に変貌する。この図式は現在の EU あるいは NU を検討するとき、そこに構造化されている意味空間の構造と相似的である。

中世的な自己理解と近世的自己理解

「私」はだれか、「私たち」は何か。この問いはテオクラシーの完成を待たずにヨーロッパのキリスト教的統治空間が壊れたときから新しい問いになった。それは有機的な世界秩序から機械的世界秩序

への人間の位置変化と相同である。超越的第一原因（一神教的神）から与えられた各存在者の固有の運命は消滅し、多様な存在段階に埋め込まれてきた人間が自由な位置に立って存在の再構築を始めたとき、世界は人間を中心とする同心円的構造として構成される。人は超越者の意思を映す鏡ではなく認識の主体である。ライプニッツ的モナドからデカルト的解析空間内部の位置選択まで、人間の位置はその所在の場を拡張しながら、ニュートン的宇宙空間構造との親和性を「ヒトーモノ」の存在構造に包み入れていった。

　人の運命は他律的ではなく自律的なものに変わり、従って、個人生活の自立と自治が生存の基本契機になった。自由な行動は自己責任である。合理性（自然の光）という格律を内在化させるエトスと行動様式を選択する生活が始まり、新しい行為規範が生まれ体系化された。その規範体系に近代的時間が価値として組み入れられた。自由意志による契約が規範化された時間と共役して恣意的逸脱を防止する。ここには「ヒトーヒト」関係の新しい構想と制度化があった。

　政治的な民主化の手続きが新しい「市民」と「国民」という「ヒトモデル」を用いて進められたのと併行して、「ヒト」の暮らしの内実においても個別の意味の選択と価値観選択の相対的等価性を前提する道徳律が工夫され完成される。契約は、個別的には実体的に異なる価値選択と意味の序列化をおこなう「ヒト」を、形式的に等価とする原理的前提に立ってはじめて成り立つ「ヒトーヒト」関係である。成功も破綻も個人としての理性的である（はずの）「ヒト」の能力であり実態である。この「ヒト」の内的な擬似的主体性は民主主義における「ヒト」の外的な擬似的主体性と同値である。社会規範、法規範、経済規範、政治規範の全てにこの原理が浸透した。道徳規範は、宗教規範との葛藤と共にこれらの個別規範と新しい緊張関係を持つようになった。それは「ヒト」と「ヒトーヒト」関係の対抗関係への転化に同調する。

方法としての「個人」

　「ヒト」の内面的調和と外面的調和を制度として擬似的に予定し前提した近代的なヨーロッパの自己認識は、「ヒト」と「ヒト－モノ」「ヒト－ヒト」関係を対象化する方法の点で、新しい視点と課題を持つようになった。認識主体として獲得した「認識論」と存在段階の機械論的再編成をなし終えた「存在論」を所与として、「方法論」が問われた。学識のトリロジー（trilogy）はヨーロッパの知識探求の古典的方法であるが、近代ヨーロッパの自己認識からも自己認識像の原型に基づく新しい意識と方法とが誕生した。方法論的個人主義（固体主義）（methodological individualism）と方法論的全体主義（集産主義）（methodological collectivism）の二項対立的カテゴリーに分岐した"ものの見方考え方"がそれである。

　方法論的個人主義は、「ヒト」の種々の属性から特定の属性を選び出して、その特殊化された属性によって「ヒト」全体を代表する基本要件ないし基本モメントと看做し、そのような個体＝個人の志向と行動から「ヒト－ヒト」関係の全体と「ヒト」の全体を説明しようとする。アダムスミスは利己心と利他心の両要件を備えた「ヒト」モデルを構想して人と社会について語り、フォイエルバッハは「コトバ」をもって「ヒト」を代表させながら人々と教会制度を説明した。フォイエルバッハにあっては「ヒト」は言語による類的存在とされたから、その場合「ヒト」は集合体でもある。マルクスにあっても、「ヒト」は労働する類的存在であるから、その限りでは方法論的個人主義と方法論的全体主義の双方にまたがる方法論的立場に立ったことになる。これらの方法論的な立場が、いずれの場合にも「ヒト－ヒト」関係をさらに何らかの作業概念を用いつつ、例えば市場の交換価値、疎外、労働価値と商品などの作業概念を導入して仮説を導き、理論化した点も共通になっている。

　それに対して、群衆と公衆と大衆という概念装置は、単体の「ヒト」

からではなく「ヒト－ヒト」関係から出発した。この類型を導いた立場の専門家たちが、市民的合理性をどの種の人間集団にも予定しなかったことは特徴的である。観察された事実としての「ヒト」、「ヒト－ヒト」の行動様式とその実質から、"近代的個人"が否定的に再概念化されたことでは、やがて精神分析の視座へ連なった。

　フロイトによって理論化された「ヒト」の身体性と精神性の相関的関係では、「ヒト」の自己認識自体がその対象とすることができないもう一つの「ヒト」が措定されている。近代ヨーロッパの象徴的インデックスであった「理性」は否定されたといわれた。しかし、egoとid（自我としての意識を欠く自我）の対抗関係を人格というイメージ内部に構想したことは、それが身体性の"深遠"を暴いたという一般的な評価とは裏腹に、内面的調和（自治的な市民の内面生活）と外面的調和（自治的な市民の社会生活）を対抗関係において予定調和と革命とを関係の結論とした思想の形成に類似する身体媒介的な構想に他ならないのではないか。「自＋他」という形式が「ego ＋ id」という形式に置き換えられたに過ぎない。病的な人格の治癒として行われるidの潜在的エネルギーを解放した結果がエクスタシーであり、エクスタシーで「ヒト」の全体性が回復される図式では、現実原則（Realitaet Prinzip 意識の合理性）が快楽原則（Lust Prinzip 無意識の問題解決）と対抗関係にあり、デカルト的二項対立は解決されず、むしろ新しい心身関係となった。仮に、人々の社会的行動とモードを次のように描くと、併置される関係から推定されることは何であろうか。

　　予定調和……人々の自然の成り行きから結果すること
　　　　　　　　　　　　　　　　　　……素朴身体
　　革　　命……人々の合理的選択から結果すること
　　　　　　　　　　　　　　　　　　……知的身体

エクスタシー……人々の身体への回帰から結果すること
　　　　　　　　　　　　　　　　……性的身体

3　「帝国」(Empire) の地平へ

ヨーロッパ型統治空間の拡張

　革命とエクスタシーを融合させ、市民に代表される理性的個人を「大衆」「モブ」「群集」で置換すると、全体主義が構造化される。或いはその言語的精神的実体としてのドグマが新しく構想される。身体が暴力化されて統治の装置へ転換されると、現れるマスとしての「ヒトーヒト」は、ヨーロッパ近代が拒否しようとした人間の社会状態であった。

　イデオロギーは人間の感情と名づけられる身体的潜在エネルギーの解放に一定の方向性を与える。国家は、その古典的な機能として「領土」「防衛」「教化」という働きを組織化する。ヨーロッパと呼ばれた地域内に、軍或いは兵を持たない政権は存在しなかった。このような統治機構が、「革命」(政権の奪取と正統性の宣言) と「エクスタシー」(近似的陶酔、自我解体) とを戦略化すると、そこから「帝国」が現れる。

　地理上の発見と大航海時代に旧世界と異質の新世界を発見したヨーロッパは、その国々が武力 (暴力装置) とキリスト教という精神的威圧の二つを力に地理的な外部世界への進出を図った。その進出は後に商業活動の範囲を広げる形で加速され、ヨーロッパによる世界の分割へと更に加速された。その後ハプスブルク家の崩壊によるヨーロッパ帝国の解体とオスマントルコ帝国の瓦解があって、地球規模の植民地分割をヨーロッパは完成させた。「資本」と国家が合体した「帝国」が形成された。さらに、ファシズム、ナチズム、ソヴィエト型全体主義では、固有のイデオロギー (感情エネルギー解放の方

向性)と「革命」が合体した「帝国」ができあがった。

「帝国」の国家イメージと国民について、そのイメージには"むかしから、そうであった"という幻想が伴い、"私たちだけが相応しい"という選民ないし選良の幻想的意思が随伴した(プライモーディアリズム primordialism)。「ヒト」が「ヒト」を差別し支配し、「ヒト-ヒト」が「ヒト-ヒト」を隔離し管理し、その政治過程における選民の幻想は文芸と学術においてもヨーロッパ中心傾斜を生んだ。例えばサイード(Said, 1978, 1996)が言うように世界像はヨーロッパの自己像の投影である。

21世紀を迎える時期に、新しい『帝国』論が生まれた(Hardt & Negri, 2000)。その「帝国」では旧来の国境はなく、人々は国民でもなく市民でもなく大衆でもなくマルチチュード(multitude)と呼ばれる。そこに描き出される「ヒト-ヒト」関係は、すべてが情報化された平面に生き、「生き方」の根本的な革新を求められる。何故なら新しい帝国には「内部」と「外部」がない。それ故、求められる統治は「生-政治」(bio-politics)と呼ばれる。ヨーロッパは、この新しい「帝国」とどのような関連性のなかにあるだろうか。

教育の動向

この時期の「教育」は概ね新しい「帝国」の動態に同調し、「革命」と「エクスタシー」の一卵性双生児にそれぞれに適応した。一つは軍事的性格を備えた国民軍教育であり、他は所謂「新教育」である。

プライモーディアリズムは、民族の遠い歴史的過去から現在の民族であることを強調する。人種と言語と宗教の「元基」(primordum)が人々の記憶の届かない昔にあるという。

それゆえに「ワタシ」も「ワタシタチ」(ワタシ-ワタシ)も昔から時を通じて「ワタシ」であり「ワタシタチ」である。この観点に選民的衝動が重なれば、排他的な民族主義教育と国家主義教育が政策化

される。多くの場合に、「解放」と「拘束」が表裏一体であるような教育が行われた。軍事的教育や愛国教育という名のさまざまな教育政策と制度が準備され推進された。

「新教育」(new education) は多くの場合に公的な教育が因習的な教授と記憶に寄りかかることへの反発と批判から生み出された一連の教育改革運動であると説かれる。子どもの成長発達に関する医科学的心理学的知見が深まるにつれて、鞭と暗記の教育は批判の対象になった。しかし、「新教育」の場合には、エンソアのように新教育連盟を作り活動した人々も、モンテッソーリやバドリーのような運動を具体的に担い推進した人々も、その多くが時代の機械論的な文物観を批判しつつ霊的な問題に関心を寄せ或いは関与し、キリスト教あるいは神智学にかかわりをもっていたことに留意する必要がある（鈴木 2007）。

身体に関連していえば、フロイトの身体がエゴ (ego) とイド (id) の合理的な構造を持ったのに対して、ユング（ユング 1999）は「ヒト」の個性的独自性を「元基」からの個性化として説明する際に人類に普遍的な集合的無意識という次元を導入した。その際、キリスト教の身体と精神に関する区分が基本的に受け入れられていた。ガイスト (Geist) とゼーレ (Seele) は次のように説明される。

　　Seele……認識の前提……内的心的過程に対してとる様式と方法
　　Geist……純粋認識の原理……精神的で霊的な男性原理

この区分には、世界中のいたるところで男・女、陽・陰のモデルが人間の意識の底にあることを承認することが前提になっている。ユングの心の説明では、こころの相と働きは三つに区分されている（ユング 1999: 496-7）。

Psyche こころ──（α）Seele：内に無意識にもつ構え
　　　　　　──（β）Persona：外に向かう構え
Geist　精　神──（γ）自動的・自発的な自己の中心

　この区分から推し量られるように、抽象的意味の形而上的体系へ同化する自己という上方力動的な心身の構造が直観されている。けれども α→β→γ とすすむ"こころ"と"精神"のダイナミックスは自明的ではない。普通身体と訳されるプシケーと精神と訳されるガイストとの関係が心身二分的にではなく神秘的な生の原形の具体化として描かれる。そのような原理に同調する教育は国民国家に代表される意味空間の内部に制度化された教育とは明らかに同率ではないが、不可知な実体（集合的無意識）との相関・対抗・自律のマトリックスに位置を選び取ることになる教育には、依然、決められた図式（reference）への依存と拘束がある。

　精神的な病は治癒の必ずしも対象ではない。なぜなら元形から自己形成の過程として"精神疾患"があるからである。ニールが「自由こそ」と言うとき、治癒の対象ではない"病"としての子ども青年がそこにあることになるが、ユングの立場は一部それに等しく、一部それとは異なる。

　エクスタシーが「自我」の現実原則＝合理性の規範からの解放として教育に受け入れられるためには、子どもや青年成人の「身体」が一切の拘束から解放されることが最優先されるべきであったが、神秘主義的生命や霊への関心に閉じられていた「新教育」においては、そのような原理は少数の例外を除いて見出せなかった。

4　教育再生の道筋──"一人称"の克服は可能か

　ヨーロッパが確立してきた自己認識の構造では、「ヒト」は一人

称で語る。その語りは自己回帰的である。その限りでは、近世期・近代期ヨーロッパが発見した「私＝自我」が一人称のモノローグを背景にして確認されたことの反復である。そこには「"身"－"身"」「"心"－"心"」の親密さ (intimacy) が欠ける。息遣いと息吹が聞き取れるような「ヒト－ヒト」「ヒト－モノ」関係をどうすれば回復できるのであろうか。

　一人称で語ることは、人間関係一般について、「ヒト」が認識的に行う人間関係分類が合理的振る舞いであるためには不可欠である。しかし、同時に「ワタシ」が認識主体であることを主張し、その自己主張を貫徹する言語として一人称を機能化するとき、それは「見る－ヒト、聞く－ヒト、知る－ヒト」とその対象となる「ヒト」「ヒト－ヒト」「ヒト－モノ」関係を分離する言語行為になる。そのことからさらに、「自－他」の分離に留まらず、「ワタシ－ワタシ」の関係内部に剥離・乖離を生む言語行為にそれが転じる。精神的神秘的自己体験としての「Ich und Du（我と汝）」(Buber 1923) をはじめ、幻視幻覚として「ワタシ」「アノヒト」「コノヒト」に出会う自己認識まで、一人称は親密さを「ヒト」から奪って、意識する当の「ヒト」を「モノ」化する（脱ヒト化 de-personalization）。

　教育という言葉の意味を特定することは容易ではないが、非人格化を加速する現在の社会関係のなかで、教育を人の営みとして人の手に取り戻す工夫はないものだろうか。国民国家群は今、企業と変わらぬ社会経済的行動をおこなう。そのような組織体の公的行動とは異なる社会主体を工夫しなければならない。現に試みられていることは、disable な人々との共同、disability と ability とを多次元に構造化できるパラダイム開発（障碍学 disability studies）の試み、差別克服の実際的試み、小規模グループによる地域内企業と地域内循環経済の試み、国境を越えた諸支援活動の試みなど、人の成長と社会の成熟を目差す努力は数多い。資金も投じられている。

1996年版ユネスコ委員会報告書『学習 —— 内なる宝』(Learning: The Treasure Within) には Learning to Be という章がある。そこでは、「誰もが全面的に発達すること——心も体も、知恵も、感受性も美意識も、責任感も宗教的な価値も。みんな自立した人として批判的に考え自分で判断できる人間に成長しなければならない。」(UNESCO 1996: 94) と書かれている。人口に膾炙してきた表現であるが、付けられている但し書きを見ると、既に1972年頃から、「宣伝による人格阻害や、外部から強制される行動などで、本人の知的な自分らしさや心情の自分らしさを損なってしまう危険性がある」(UNESCO 1996) と時代を告発していた。グローバル化する政治経済情報文明の最中で、ユネスコは人にとっての「学び」の新しい意義を提起している。

 Learning to know
 Learning to do
 Learning to live together
 Learning to be

私は、この「学びの4支柱」を地球規模の文化の中で生かすために、教育の学識を革新する第一データの収集と関係を創造的に再構築し、一人称の危機を打開するため、以下の基礎的関係性と第一データの範疇を設定したい (鈴木2004)。

 基礎的関係性Ⅰ　「モノーモノ」関係
 基礎的関係性Ⅱ　「モノーイキモノ」関係
 基礎的関係性Ⅲ　「イキモノーイキモノ」関係
 基礎的関係性Ⅳ　「モノーヒト」関係
 基礎的関係性Ⅴ　「イキモノーヒト」関係

基礎的関係性VI 「ヒトーヒト」関係

第一データの範疇1 「子どもは育つ」
　範疇1のコロラリー……①「子どもは子どもとともに育つ」
　範疇1のコロラリー……②「子どもはおとなとともに育つ」
第一データの範疇2 「おとなは子どもを育てる」
　範疇2のコロラリー……①「おとなは子どもとともに育つ」
　範疇2のコロラリー……②「おとなはおとなとともに子どもを育てる」

　この仮説設定は、つぎのような意図から導きだされたものである。すなわち、外来の学的認識の基底に潜むパラダイムの限界を越えて、しかも日本という文化基底においてのみ成立し有効性をもつような学的認識枠組みではない新しいパラダイムを探求すること、あるいは開発するという意思である。
　基礎的な問題設定は、人間の内的調和と外的調和をどのようにして相互回帰的に回復するかというところにあり、自然と社会のカオス的情況を視野に収めつつその問題に解答を見出すことが課題である。
　この問題意識にそって上記仮説群を働かせていく上で、当面選びうる、或いは選ばなければならない人間の事実は、ヒトの意識とその疎外形態である記号と言語、それらの形式的展開（constalation）である行動－観念形態である。ヒトのカラダはどのようにして観念形態へ形式化される（疎外される）のか。イキモノのモノとイキモノとの相互関係はどのようにしてイキモノにとって可視的対象になり、判断の対象になるのか。それらを綜合的に透視し得るパラダイムの全体像を作ることに取組まなければならない。
　本プロジェクトの主題に関わって上記の問題設定を翻案すると、

それは、ヨーロッパとはどのような人間集団であるかを異文化としてのヨーロッパ外部から対象化し、その作業の内部において同時に日本を含むヨーロッパ世界外部を対象化できるパラダイムを発見あるいは構築することが課題になるということである。

その場合に思い起こす必要があることは、EU憲法の批准がフランスとデンマークとアイルランドでは国民投票によって拒まれたことである。その時に否定した人々が何よりも危惧したことは、生活者としての「わたし」「わたしたち」の直接参加が拒まれるような大規模「共同体」がその憲法によって出現することであった。このヨーロッパ連合にとっての政治的緊張は、政治的イデオロギーの水平では概括的にいうと次のような構造の反映である。

① ベルリンの壁崩壊とソヴィエト体制の瓦解に由来する「社会主義」イデオロギーの変質
② 世界銀行や国際通貨基金、WTO、OECD等、「アメリカ型自由主義」イデオロギーの世界支配
③ 地域基盤をもつ生活形態を市場型生活形態へ再編成する政治力学
④ 旧「社会主義」イデオロギーとは異なる"もう一つの革新"の誕生
⑤「女性」文化から「女性」政治へのジェンダーの転換
⑥ Disability概念によるability文化の再編成
⑦ 20−21世紀型民族移動と少数(民族)集団の可視化

この構図の中で、②と③が「右翼」であり、④と⑤と⑥が「左翼」の、⑦は「右翼」の思想と行動の全体的規制に含まれた、しかし④へ繋がる人間の現実的可能的形態である。「左翼」は新しいディメンションを視野に含み始めている。「生−政治」(bio-politics)はこの新しい

「右翼」と「左翼」の混沌から生まれ混沌を反映する可能性としての政治イデオロギーである可能性がある。

　ヨーロッパ連合が提起している「憲法」(constitution) に対して「ノー」という声を挙げた人々の危機感は、このタブローから従来型国民国家が消去されており、生活者としての意思を、国家規模をこえた政治経済体制の政策選択に反映させることが困難になるか、不可能になることから生まれる (George 2008)。

　Body Educational の視点（上述した仮説とカテゴリー）からこの状況を「一人称」問題として翻訳すると、「ヒト―ヒト」関係の言語記号的構造のカオスとして問題設定できると思う。

　ヒトは経験を記号的に疎外するイキモノである。疎外の形態と形式ではコトバがあり、それがヒトの行動と生活として目的的な文化となっている。身体に基礎を置く言語機能と言語空間の構造は、発話者である「ヒト＝わたし」の自己回帰的な関係（α）を基台として、その基本的自己回帰的言語行動に2人称、3人称の「ヒト」「ヒト―ヒト」が言語機能的に関係性を持ち、それらが発話者の全体的言語空間として成立している。これが一人称の言語的象徴空間の成り立ち方である。

【人称的言語空間の基本的関係性構造】

"ヒト＝わたし"（α）

／　　｜

ヒト＝わたし―"ヒト／ヒト―ヒト＝2人称"（β）

＼　　｜

"ヒト／ヒト―ヒト＝3人称"（γ）

【一人称成立の言語空間的構成単位】

　単位1　（α）……………… 文化的形態：自己との対話

単位2　(β)＋(γ)………文化的形態：他者との対話
単位3　言説 (discourse)……文化的形態の疎外：単位1と単位2の相互的疎外 (或いは、かたること＋かくこと＋よむことの、総体)

　政治空間で一人称が危機的になるということは、ヒトの"行動と生活としての政治"の場面で、文化としての目的的な言語活動が「個人」を基盤あるいは梃子として成立しなくなっていることにほかならない。言語活動の単位1と2が政治的価値（目的）を巡って安定しないことである。上の整理に即していえば、「右翼」「左翼」と新しく範疇化される政治的イデオロギーの構造が言語的に安定せず、文化的な基盤喪失情況を言語化できないことを指す。つまり、政治的現実について「かたり・よみ・かく」ことが無意味になっていることを指している。身体からこの情況を読み直し、情況を越える理念と理念実現の方法を探ることが、新しいイデオロギーの課題である。
　その課題に平行して、教育がどのように参画するか問われる。所謂教育のヨーロッパ的ディメンジョンはこの課題に応えているか否か、稿を改めて検討したい。

＜引用参考文献＞
Buber, Martin, 1923, Ich und Du, 野口啓祐訳『孤独と愛：我と汝の問題』、創文社、1958年
George, Susan, 2008, We the Peoples of Europe, Pluto Press, London
Graunt, John, 1662, Natural and Political Observations mentioned in a Following Index and made upon the Bills of Mortality, Peter Laslett (ed.), The Earliest Classics, Pioneers of Demography, Facsimile editions
Hardt, Michael & Antonio Negri, 2000, Empire, Harvard University Press, Cambridge, USA, 水嶋一憲他訳『帝国 ── グローバル化の世界秩序とマルチチュードの可能性』以文社、2003年
Jus'ti, Johannes Heinrich Gottolob von, 1756, Grundsätze der Polizeiwissenschaft,

Goettingen
Petty, William, 1690, Political Arithmetick, London
Pomian, K.,1990, L'Europe et ses nations, Gallimard, Paris, chapters 12, 13
Said, Edward W. 1978, Orientalism, Georges Borchart, New York, 板垣雄三他監修『オリエンタリズム』平凡社、1993年
サイード、エドワード W.、1995『知識人とは何か』大橋洋一訳、平凡社
Suzuki, Shin'ichi, 1996, Europe: Illumination or Illusion?? lessons from comparative education, Thyge Winther-Jensen (ed.), Challenges to European Education: cultural values, national identities and global responsibilities, Peter Lang, Frankfurt am Main, pp. 447-468.
鈴木慎一、2004「ボディ・エデュケーショナルの方へ」田中智志編著『教育の共生体へーボディ・エデュケーショナルの思想圏』東信堂
鈴木慎一、2007「『素質教育』と新教育」朱浩東他編著『人間形成の課題と教育』三一書房
ユング，C. G.、1999『元型論』林道義訳、紀伊国屋書店
UNESCO,1996, Learning: The Treasure Within, UNESCO Publishing, Paris

＜図書紹介＞

アントニオ・ネグリ／マイケル・ハート（水嶋一憲他訳）『帝国』(以文社、2003年)

2000年にアメリカで公刊された政治学、政治哲学の書物。国民国家を基本として組み立てられて来た政治学とは視座を異にする論説。人々の生活を包む"生活圏"の内部と外側が消滅した水平的な「場」は情報とともに生きる人々の生活次元。「ヒト」と「ヒトビトの関係をイキモノ（bio-）としての基礎水平から再構築することが新しい政治課題。その事者をマルチチュード（multitude）と呼び、その政治を生－政治（bio-politics）と定義する。

青木茂『個体論序説──その形と振舞い』(理想社、1989年)

身体と心あるいは精神の二分法は、種々の論議を生み出してきた発想である。子どもの成長を基礎に据えながら、自然に基礎付けられているヒトが自然を解釈し意味づけことの不思議さを解明しようとする論集。そこでは、生活者が見聞きする現実と科学者が扱う現実の違いが何かも論じられる。生命が提起する諸問題の広がりが扱われている。

西谷修／酒井直樹／トニ・ネグリ／マイケル・ハート他『非対称化する世界――『＜帝国＞』の射程』(以文社、2005年)
　ネグリとハートの「帝国」を受けて、両者を含む論者が20世紀から21世紀への転換期をどう了解するかを論じ、マルチチュードの理論に向けて何をどう扱うか著者たちによって論じられている。最初にあげた参考図書の入門、あるいは解説の趣もあるが、主題は多岐に渉り、ヨーロッパ出自の文化と文明を批判的に読もうとする者にとって示唆に富む。

あとがき

青木人志
(一橋大学大学院法学研究科教授)

　本書の意図をよりよく理解していただくために、若干の来歴を記したい。

　「はしがき」に述べられたとおり、本書は、一橋大学21世紀COEプログラム「ヨーロッパの革新的研究拠点：衝突と和解」の研究成果である。

　同研究拠点は、グローバルな視点から推進する「新しいヨーロッパ研究」をめざしている。グローバルな視点の研究というのは、ヨーロッパ内部個別的地域研究ではなく、非ヨーロッパ圏のヨーロッパとの相克をも研究対象に取り込んだ「内外からみた総体的なヨーロッパ研究」を意味する。

　この大きな問題関心にもとづき、四つの研究班が拠点の内部に組織された。近代ヨーロッパが産んだ価値体系、諸制度、社会や国家のあり方を研究する「近代ヨーロッパシステム班」、ヨーロッパ統合という壮大な実験を研究する「ヨーロッパの実験班」、近代ヨーロッパシステムに対する挑戦者としてのアメリカ合衆国とイスラーム世界を研究する「ヨーロッパへの挑戦班」、そして、ヨーロッパ文明の受容を通じて非ヨーロッパ地域に出現したヨーロッパ化した近代社会を研究する「外部のヨーロッパ班」である。

　近代ヨーロッパが産んだ政治・経済・法といった諸機構は、さまざまな挑戦をうけつつも世界標準（すくなくともそのひとつ）として機能し続けている。自由主義・個人主義・合理主義・立憲主義などの原理によって支えられたそれらの機構は、究極的にはひとりひと

りの人間の価値観に支えられている。したがって、ヨーロッパを研究するうえでは、ヨーロッパ的な人間形成のあり方、とりわけ「教育」のあり方が重要な研究課題とならざるをえない。

　ヨーロッパ生まれの近代教育は、ダイナミックな歴史の展開のなかでどのような葛藤に出会い、それをどう解消してきたのか。そして、これからそれはどう変化し、どこに向おうとしているのか。本書を貫くこの問いは、もともと、前記「近代ヨーロッパシステム班」の研究活動のなかで提起されたものであるが、この問いに答えるべく編まれた本書は、私たちの設定した区分でいう近代ヨーロッパシステムの研究だけにはおさまらず、ヨーロッパの実験にも、ヨーロッパへの挑戦にも、外部のヨーロッパにも密接にかかわる横断的な視座をそなえたものにならざるをえなかった。

　書物の価値を決めるのはあくまでも読者である。願わくは、本書を手にとってくださる方々が、教育という導きの糸をたぐって、「グローバル時代におけるヨーロッパとは何か」という大きな問いにたどりつきますことを。

事項索引

〔ア行〕

憧れの人間像　　8, 10, 14, 20, 133
アセスメント型の評価　　30-31
新しい社会運動　　68
アナーキーな組織　　81
アナキズム（アナキスト）　79-80, 86
アムステルダム条約　　157
イスラーム学校　　53-54
移民　　19, 53, 68
イメージされたモデル　　147, 156
エスニック・マイノリティ　　20
エリート（養成）　　18, 20, 64, 83, 103, 110, 131, 149, 150

〔カ行〕

快楽原則（Lust Prinzip）　　181
拡散（理論）　　144, 146, 156-158, 164
学習権保障　　59, 61, 63, 68
学習サークル　　61, 65-67
学習サークルの文法　　70
学習評価（能力評価）　　30
学問システム（学術システム）　　33
学力　　9-10, 27
学校教育の文法　　70-71
学校知　　9, 27
環境教育　　iii, 77, 87-88
関係性　　iv, 26, 187, 190
官房学　　176
寛容性　　35
機能　　ii, 23-25, 33-34

―的分化　　ii, 32, 36
規範　　14, 26, 29, 84, 101, 116, 145, 162, 179, 185
教育関係　　93
教育研究者　　14, 68, 109
教育システム　　ii, 23-25, 33-34, 36
教育思想　　iii, 6-5, 14, 19-20, 94, 97
教育実践　　iii, 23, 35, 54, 60, 70, 94, 96, 103-104, 131
教育主権の世俗化　　41
教育的コミュニケーション　　24
教育の国際基準化　　ii, iv, 5, 16, 20, 122
教育の脱イデオロギー化　　15
教育の非宗教化　　43
「教育問題」　　iii, 109-111, 117
教区　　175
協同性　　36
規律化（規律訓練）　　ii, 25, 28-29, 30, 35-36
議論のエスカレーション　　82, 88-89
近代的統治　　ii, 24
近代の文法　　177
グランゼコール　　149-150
グローバリゼーション（グローバル化）　i-ii, 5, 14-16, 25, 36, 71, 122, 124, 135-136, 157, 160
グローバル・アイデンティティ　　136
経済発展　　14, 18, 60, 63-64
警察学　　176
言語教育　　11
現実原則（Realitaet Prinzip）　181, 185

権力　　　　　　　　7, 83, 116
　——関係　　　　　　70, 115
　——構造　　　　　　　　69
　——テクノロジー　iii, 128-130, 137
公教育　　　　　ii - iii, 7-8, 11, 25,
　　　　　　41-42, 48, 50, 52-55, 94
公共圏　　　　　　　　70-71
公共性　　　　　　　68-70, 72
構築主義　　　　　　　iii, 109
高等教育改革　18, 62-63, 157, 173
合理化された神話　145, 162, 166
国際競争力　　　　　18, 149, 157
「国民」　　　　　　iv, 6, 177, 179
国民国家　　　　　　ii, 5-6, 11, 14,
　　　　　　　　16, 185-186, 190
国民的アイデンティティ　　10-11,
　　　　　　　　　　　　15, 20
国民統合　　　　　　　10, 16, 20
国民文化　　　　　10-11, 124, 177
「個人」　　　　6, 9, 15, 126-127, 191
個人性　　　　　　　　27-28
国家学　　　　　　　　176
国家装置　　　　　　　10, 71
コンピテンシー　　　　　17

〔サ行〕

再文脈化　　　iv, 147, 164, 166-167
自己教育　　　　　　　85-86
自治　　　　70, 165, 167, 179, 181
シティズンシップ　　　　60
社会運動　　　　　　8, 68, 71-72
社会化　　　　　　　　84, 93
社会階層　　　　　　111, 113, 116
社会システム　　　　　　24
社会性　　　　　　　　27-28
社会的上昇移動　　70, 111-113, 116
社会批判　　　　　　　77, 115
宗教改革　　　　　　　8-9, 178
宗教教育　　　　　　　43-44
宗教の多元性　　　　　iii, 54
宗教文化　　　　　　　50, 55
授業実践　　　　　　　98, 103
主流化した知　　　　　116
生涯学習　　　　　60, 61, 71, 173
生涯教育　　　　iii, 12, 59-61, 71
職業教育　　　　　63, 72, 126, 161
職業資格付与　　　　　151, 167
私立〔宗派〕学校　　　43-46, 50,
　　　　　　　　　　52-53, 55
自律性　　　　　　　27-29, 36
新教育（new education）　183-185
人材養成（育成）　　　ii, 8, 14,
　　　　　　　　17, 70, 125, 127
新制度学派　　144-146, 162, 173-174
人的資本　　　　　14, 18, 60, 64
「進歩」　　　　　　　6-7, 9-10,
　　　　　　　18-19, 123, 129, 161
「人類」　　　　　　　12-14
政治的神話　　　　　　60, 69
政治文化　　　　　　　61, 70
生－政治（bio-politics）　183, 189
正当性　145-146, 152, 162-163, 166
制度化された教育　　　8-9, 15, 60,
　　　　　　　　66, 71, 104, 185
生得性（アスクリプション）　31-32
世界銀行　　　　　　15, 122, 189
世界政体　　　　　　　144
世界文化　　　　　　　144, 162
全制的施設　　　　　　112
選抜　　　　24, 34-35, 93, 103, 149

組織社会学　　　　　　　　145
ソルボンヌ宣言　　　147-148, 152,
　　　　　　154, 156-157, 165, 173

〔タ行〕

対応理論　　　　　　　　　113
対抗的公共圏　　　　　　　 70
対抗的な教育思想　　　　　 20
脱学校論　　　　　　　　83, 86
脱自然化　　　　　　　　　117
達成性（アチーブメント）　31-32
脱文脈化　　　　iv, 146-147, 154
多民族国家　　　　　　　iii, 132
多民族社会　　　　　　　 19-20
多民族・多言語・多宗教社会　110
地域社会協議体　　　　　　 82
地域主義　　　　　　　　　 80
地球市民（コスモポリタン）25, 36
知的成長（知的発達）　　 25-27
知のヨーロッパ　　18, 157, 168, 173
地方分権主義　　　　　　　 80
帝国　　　　　　　　　iv, 182-183
ディプロマ・サプルメント（学位補
　遺）　　　　　　　　　18, 156
ディアスポラ　　124, 131, 134-136
「転換」　　　　　94, 96-97, 102-105
転換期　　　　　 i , iii, 6, 93-94,
　　　　　96-97, 103-104, 125, 137
統一学校　　　　　　　　94, 104
統治の基本形式　　　　　　177
都市アナーキー　　　　　　 82
都市環境教育　　　　　iii, 77-79,
　　　　　　　　　83, 86-87, 89
都市計画　　　　77-83, 86-87, 89
トリロジー（trilogy）　　　180

〔ナ行〕

ナショナル・アイデンティティ
　　　　　　　　　　　135-136
人間形成（人格形成）　iv, 13, 24,
　　　　　　27-28, 34-35, 54,
　　　　　96, 130, 137, 167, 196
人間的成長(道徳的・倫理的成長) 26
人間のパーソン化　　　　　 24
能力評価　　　　　　　　　 30
ノンフォーマル教育　　　 65-66

〔ハ行〕

発達文化　　　　　　20, 125, 130,
　　　　　　　　　133-134, 137
バナキュラーな価値　　　20, 59,
　　　　　　　　　　69, 135-136
比較発達社会史　　　　iv, 137-138
人の育ちの空間　　　　　　 84
ひとりだち（独り立ち）93, 125, 137
批判的思考　　　　　　　　 60
貧困　　　　　　　111-112, 115-116
プライモーディアリズム
　（primordialism）　　　　183
フランス革命　　41-42, 45-46, 178
文化コード　　　　　　　　 70
文化資本　　　　　　　19, 114-115
文化ヘゲモニー　　　　　　136
分岐型中等教育制度　　　　 94
文芸国家（res publica liteartia）178
ヘゲモニー　　　 i - ii, 69-70, 136
方法論的個人主義（methodological
　individualism）　　　　　 180
方法論的全体主義（methodological
　collectivism）　　　　　　180

ボディ・エデュケーショナル（body educational）　v
ボローニャ宣言　iv, 18, 143, 157, 159, 167
ボローニャ・プロセス　17, 122, 143

〔マ行〕

マーストリヒト条約　155, 157
マルチチュード（multitude）　iv, 183
民衆教育　61, 63, 66-72
民衆文化　70
民族文化　16, 126, 138
メリトクラシー　8, 31-32, 126, 132
もう一つの教育（システム）　i , iii, 69, 71
モデルの制度化　156
モラリティ（道徳性）　26-27, 29
「問題」の定義　113-114

〔ヤ行〕

ユニセフ　15, 122, 127
ユネスコ　15, 59, 122, 127, 155, 187
ヨーロッパ質の保証のネットワーク（ENQA）　159, 161
ヨーロッパ単位互換システム（ECTS）　156
ヨーロピアン・ディメンション（ヨーロッパ的ディメンジョン）　158, 191
よりよさ競争　9-10

〔ラ行〕

ライシテ（非宗教性）　41
ライフヒストリー　iii, 96-97, 100, 103-104
リカレント教育　59, 61-63, 65, 70
リスボン会議　155
リスボン戦略　60, 159
リフレクション　ii , 26, 34, 36
臨場教育　85
レーベンスラウフ　23
労働運動　61, 64-65, 67
労働組合　51, 61, 64, 161
労働市場　62, 127, 150
ローカル・アイデンティティ　135
ローカルな知　20, 71
ローカルなもの　178

〔英字〕

CDA（キリスト教民主勢力）　52-54
OECD　17, 19, 59, 62-63, 65, 122, 189
PISA　17, 19, 122
TCPA（都市田園計画協会）　77-79, 86

人名索引

〔ア行〕

アタリ（Attali, Jaques） 149
ウォード（Ward, Colin） iii, 79-89

〔カ行〕

カイペル（Kuyper, Abraham）
　　　　　　　　　45-47, 49
キツセ（Kitsuse, John I.） 109
ギンタス（Gintis, Herbert） 113
グッドソン（Goodson, Ivor F.） 96
グッドマン（Goodman, Paul）
　　　　　　　　　84-86, 88
グラムシ（Gramsci, Antonio） 74
グリーン（Green, Andy） 5, 10, 14-16
クループスカヤ（Krupskaya, N. K.）
　　　　　　　　　6
ゲディス（Geddes, Patrick） 80, 88-89
ゴッフマン（Goffman, Erving） 112
コメニュウス（Komensky, Jan Amos） 11-14
コンドルセ（Condorcet） 6-7, 9

〔サ行〕

サイード（Said, Edward） 183
サイクス（Sikes, Pat） 96
ジェルピ（Gelpi, Ettore） 60
ジャービス（Jarvis, Peter） 60
鈴木秀勇（琇雄） 6-7, 11-13
スペクター（Spector, Malcolm B.）
　　　　　　　　　109

セネット（Sennett, Richard）
　　　　　　　　　80-82, 86

〔タ行〕

デューイ（Dewey, John） 25, 27

〔ナ行〕

中内敏夫 8-9, 93
中野卓 96

〔ハ行〕

バーガー（Berger, Peter L.） 144
バウマン（Bauman, Zygmunt） 35
パスロン（Passeron, Jean Claude）
　　　　　　　　　114
ハミルトン（Hamilton, Edwin） 69-70
ハワード（Howard, Ebenezer） 80
バンクス（Banks, James A.） 9
フーコー（Foucault, Michel） 28
ファイソン（Fyson, Anthony） 79
ブルデュー（Bourdieu, Pierre）
　　　　　　　　　114-115
フレイレ（Freire, Paulo） 72
フロイト（Freud, Sigmund） 181, 184
ペティ（Petty, William） 175
ボウルズ（Bowles, Samuel） 113
ポミアン（Pomian, Krzysztof） 178
ボリ（Boli, John） 6, 8, 10

〔マ行〕

マイヤー（Meyer, John W.）
　　　　　　　　　10, 60, 144, 146

宮原誠一　　　　　　　　　　72

〔ヤ行〕

ユスティ（Jus'ti, J. H. von）　176
ユング（Jung, Carl Gustav）　184–185

〔ラ行〕

ラーション（Larsson, Staffan）　68–70
ラミレス（Ramirez, Francisco O.）
　　　　　　　　6, 8, 10, 144, 161
ルーマン（Luhmann, Niklas）　23–24
ルソー（Rousseau, Jean-Jacques）　6
ルックマン（Luckmann, Thomas）
　　　　　　　　　　　　　　144

著者紹介 (○ 編者)

○関啓子 (せき けいこ) (第1章、第8章)
　一橋大学大学院社会学研究科教授・博士 (社会学)
　『クループスカヤの思想史的研究』新読書社、1994年
　『多民族社会を生きる〜転換期ロシアの人間形成』新読書社、2002年
　『環境教育を学ぶ人のために』(御代川貴久夫氏との共著) 世界思想社、2009年
　＜研究テーマ＞
　専門は、教育思想史、比較教育学、環境教育学。エスニシティ、エコロジー、ジェンダーをキー・ワードに人間形成を研究してきた。研究対象は主に旧ソ連圏である。いましてみたい研究上の冒険は、緒に就いたばかりのメキシコやチリなどの中南米研究を深めることと、動物と人間との共生を阻んでいる障壁を、限りなく動物の目線から捉えることである。

田中智志 (たなか さとし) (第2章)
　山梨学院大学大学院教授・博士 (教育学)
　『他者の喪失から感受へ』勁草書房、2002年
　『人格形成概念の誕生』東信堂、2005年
　『臨床哲学がわかる事典』日本実業出版社、2005年
　『教育人間論のルーマン』(共編著) 勁草書房、2004年
　＜研究テーマ＞
　専門の一つは、西欧教育思想史。キリスト教の完全性概念をキーワードに、近代教育の概念史的な成り立ちを調べている。もう一つが、臨床教育学。生きることを学び教えることの困難さと重要さを語ろうとしている。ハイデガー、ルーマン、フーコー、ブランショをよく読んでいる。

見原礼子 (みはら れいこ) (第3章)
　ユネスコ日本政府代表部専門調査員・博士 (社会学)
　『神の法 vs. 人の法—スカーフ論争からみる西欧とイスラームの断層』(共著) 日本評論社、2007年
　「オランダにおける「教育の自由」原理の特徴と変容」『日本教育政策学会年報』第13号、2006年
　「ベルギーとオランダの学校におけるイスラーム教育の比較考察」『比較教育学研究』第32号、2006年
　＜研究テーマ＞
　西欧諸国における公教育と宗教の関係及び現代の宗教間対話のありかたに関する比較研究。現在はユネスコの文化関連条約や文明間対話などの業務を主に担当している。

○太田美幸（おおた　みゆき）（第4章）
　　鳥取大学生涯教育総合センター講師・博士（社会学）
　　「『生涯学習社会』のポリティクス」『日本学習社会学会年報』第1号、2005年
　　「スウェーデン成人教育政策の史的展開」『日本教育政策学会年報』第11号、2004年
　　「スウェーデンにおける民衆教育の性格変容」『比較教育学研究』第31号、2005年
　　＜研究テーマ＞
　　成人教育（成人学習）を通じた政治文化の形成過程分析。スウェーデンにおける「学習サークル・デモクラシー」の実態と構造に関する調査をすすめている。

三谷高史（みたに　たかし）（第5章）
　　一橋大学大学院社会学研究科博士後期課程
　　「延藤インタビューをより豊かに読むために」（共著）『教育』7月号、国土社、2005年
　　「日本の環境教育研究の動向」（共著）『＜教育と社会＞研究』第18号、2008年
　　「イギリス都市環境教育運動の基礎的研究――教育資源に注目して」『日本環境教育学会関東支部年報』第2号、2008年
　　＜研究テーマ＞
　　英国都市環境教育運動を主要な対象として、環境教育実践の担い手たちが実践の前提条件として整備する、環境教育のための資源（空間や組織、伝達されるべき知識や技術、文化など）の編成過程に注目し、調査を進めている。

木下江美（きのした　えみ）（第6章、第9章翻訳）
　　一橋大学大学院社会学研究科博士後期課程（ドイツ学術交流会奨学生としてドレスデン工科大学留学中）
　　「転換期のライフヒストリー研究の枠組みに関する一考察――フレルマンの社会化概念の検討から」『＜教育と社会＞研究』第15号、2005年
　　「転換期の歴史教育と『よりよい社会』の希求――旧東独教育学者のライフヒストリーから」『比較教育学研究』第34号、2007年
　　OECD『移民の子どもと学力――社会的背景が学習にどんな影響を与えるのか＜OECD-PISA 2003年調査移民生徒の国際比較報告書＞』（斎藤里美監訳／木下江美／布川あゆみ訳）明石書店、2007年
　　＜研究テーマ＞
　　ライフヒストリー研究・社会化研究に拠りながら、教育社会思想史の記述方法を探っている。かつてのドイツ民主共和国・現在の東ドイツ地域で、教師を中心にインタビュー調査をおこなっている。

奥村育栄（おくむら いくえ）(第7章)
一橋大学附属図書館非常勤職員・博士（社会学）
「ある労働者夫妻の人生の軌跡と次世代の育み――マレーシアのインド人プランテーション労働者に着目して」『＜教育と社会＞研究』第16号、2006年
「マレーシアにおけるインド人労働者家族の教育をめぐる諸問題の考察――言説によるイメージの構築という観点から」『日本学習社会学会年報』第3号、2007年
『マレーシアにおけるインド人労働者家族の教育問題――秩序の維持に果たすイメージの役割』一橋大学（博士論文）、2008年
＜研究テーマ＞
「教育問題」の構築過程に働く権力関係の解読。マレーシアをフィールドに、「教育問題」の社会化／個人化に果たす価値や規範、イメージなどの働きを考察している。

ユルゲン・シュリーヴァー（Jürgen Schriewer）(第9章)
ベルリン・フンボルト大学教授・哲学博士
（邦訳のみ）
「比較の方法と外化の必要性――方法論的諸基準と社会学的諸概念」(今井重孝訳)シュリーヴァー編『比較教育学の理論と方法』(馬越徹／今井重孝監訳)東信堂、2000年
「社会間関係と準拠社会の構築／近代化プロセスと外在化――比較教育学の批判的再定義のために」(神谷純子／荒木和華子／太田美幸訳)『＜教育と社会＞研究』第13号、2003年
「民主主義・国民国家・教育」(鈴木慎一訳) 田中智志編『教育の共生体へ――ボディ・エデュケーショナルの思想圏』東信堂、2004年

鈴木慎一（すずき しんいち）(第10章)
早稲田大学名誉教授・教育学博士
S. Suzuki(ed.) Teacher Education: Asian Perspectives (Special Issue, Journal of Education for Teaching, Volume 34, No.4), Routledge, 2008.
"Toward Learning beyond Nation-States: Where and How? Conflicting Paradigm of Nationalism: East Asia & Europe", M. A. Pereyra (ed.) Changing Knowledge and Education: Communities, Mobilities and New Policies in Global Societies, Peter Lang, 2008.
「ボディ・エデュケーショナルという概念へ」田中智志編『教育の共生体へ――ボディ・エデュケーショナルの思想圏』東信堂、2004年
＜研究テーマ＞
比較教育の理論と方法に年来関心を寄せ、Brian Holmes の Problem Approach について、Holmes の高弟の一人である David Turner とともに、

その再評価に取り組んでいる。関連して、教育学の再構築を志し、Body Educational という着想の下で、教育学にとっての第一データ分類枠組みの開発に努めている。

ヨーロッパ近代教育の葛藤──地球社会の求める教育システムへ		
2009年3月31日　　初　版第1刷発行		〔検印省略〕
		定価はカバーに表示してあります。

編者Ⓒ関啓子・太田美幸／発行者 下田勝司　　　　　　印刷・製本／中央精版印刷

東京都文京区向丘1-20-6　　郵便振替00110-6-37828
〒113-0023　TEL(03)3818-5521　FAX(03)3818-5514　　発行所　株式会社 東信堂
Published by TOSHINDO PUBLISHING CO., LTD.
1-20-6, Mukougaoka, Bunkyo-ku, Tokyo, 113-0023, Japan
E-mail : tk203444@fsinet.or.jp　http://www.toshindo-pub.com

ISBN978-4-88713-906-0　C3037　Ⓒ K. Seki & M. Ota

東信堂

グローバルな学びへ——協同と刷新の教育	田中智志編著	二〇〇〇円
教育の共生体へ——ボディ・エデュケーショナルの思想圏	田中智志編	三五〇〇円
人格形成概念の誕生——近代アメリカの教育概念史	田中智志	三六〇〇円
ミッション・スクールと戦争——立教学院のディレンマ	老田・前田・堤・田中編	五八〇〇円
教育の平等と正義	大桃敏行・中村雅子・後藤武俊・ハヮワット著	三二〇〇円
学校改革抗争の100年——20世紀アメリカ教育史	末藤・宮本・佐藤訳 D・ラヴィッチ著	六四〇〇円
大学の責務	立川明・坂本辰朗・井上比呂子訳 D・ケネディ著	三八〇〇円
フェルディナン・ビュイッソンの教育思想——第三共和政初期教育改革史研究の一環として	尾上雅信	三八〇〇円
洞察＝想像力——知の解放とポストモダンの教育	市村尚久・早川操監訳 D・スローン著	三八〇〇円
教育的思考のトレーニング	高橋勝	二三〇〇円
文化変容のなかの子ども——〈経験・他者・関係性〉	相馬伸一	二六〇〇円
進路形成に対する「在り方生き方指導」の功罪——高校進路指導の社会学	望月由起	三六〇〇円
「学校協議会」の教育効果——「開かれた学校づくり」のエスノグラフィー	平田淳	五六〇〇円
学校発カリキュラム——日本版「エッセンシャル・クエスション」の構築	小田勝己編	二五〇〇円
再生産論を読む——バーンスティン、ブルデュー、ボールズ＝ギンティス、ウィリスの再生産論	小内透	三二〇〇円
教育と不平等の社会理論——再生産論をこえて	小内透	三二〇〇円
オフィシャル・ノレッジ批判	野崎・井口・M・W・小暮・池田監訳 アップル著	三八〇〇円
階級・ジェンダー・再生産——現代資本主義社会の存続メカニズム	橋本健二	三二〇〇円
新版 昭和教育史——天皇制と教育の史的展開——保守復権の時代における民主主義教育	久保義三	一八〇〇〇円
地上の迷宮と心の楽園〔コメニウス・セレクション〕	J・コメニウス 藤田輝夫訳	三六〇〇円

〒113-0023 東京都文京区向丘1-20-6
TEL 03-3818-5521 FAX 03-3818-5514 振替 00110-6-37828
Email tk203444@fsinet.or.jp URL:http://www.toshindo-pub.com/
※定価：表示価格（本体）＋税

東信堂

比較教育学——越境のレッスン	馬越徹	三六〇〇円
比較・国際教育学（補正版）	石附実編	三五〇〇円
比較教育学——伝統・挑戦・新しいパラダイムを求めて	M・ブレイ編 馬越徹・大塚豊監訳	三八〇〇円
世界の外国人学校	末藤美津子・大塚豊監訳	三八〇〇円
教育から職業へのトランジション——若者の就労と進路職業選択の教育社会学	山内乾史編著	二六〇〇円
ヨーロッパの学校における市民的社会性教育の発展——フランス・ドイツ・イギリス	武藤孝典・新井浅浩編著	三八〇〇円
世界のシティズンシップ教育——グローバル時代の国民／市民形成	嶺井明子編著	二八〇〇円
市民性教育の研究——日本とタイの比較	平田利文編著	四二〇〇円
アメリカの教育支援ネットワーク——ベトナム系ニューカマーと学校・NPO・ボランティア	野津隆志	二四〇〇円
アメリカのバイリンガル教育——新しい社会の構築をめざして	末藤美津子	三二〇〇円
多様社会カナダの「国語」教育（カナダの教育3）	関口礼子編著	三八〇〇円
ドイツの教育のすべて	マックス・プランク教育研究所／浪田克之介・グループ編 天野・木戸・長島監訳	一〇〇〇〇円
国際教育開発の再検討——途上国の基礎教育普及に向けて	小川啓一・西村幹子・北村友人編著	二四〇〇円
中国大学入試研究——変貌する国家の人材選抜	大塚豊	三六〇〇円
大学財政——世界の経験と中国の選択	呂煒編 成瀬龍夫監訳	三四〇〇円
中国の民営高等教育機関——社会ニーズとの対応	鮑威	四六〇〇円
「改革・開放」下中国教育の動態	阿部洋編著	五四〇〇円
中国の職業教育拡大政策——背景・実現過程・帰結	劉文君	五〇〇〇円
中国の後期中等教育の拡大と経済発展パターン——江蘇省と広東省の比較	呉琦来	三八二七円
中国高等教育の拡大と教育機会の変容——江蘇省と広東省の比較	王傑	三九〇〇円
バングラデシュ農村の初等教育機会の変容——国民統合・文化・教育協力	日下部達哉	三六〇〇円
タイにおける教育発展——国民統合・文化・教育協力	村田翼夫	五六〇〇円
マレーシアにおける国際教育関係——教育へのグローバル・インパクト	杉本均	五七〇〇円

〒113-0023 東京都文京区向丘1-20-6　TEL 03-3818-5521　FAX 03-3818-5514　振替 00110-6-37828
Email tk203444@fsinet.or.jp　URL:http://www.toshindo-pub.com/
※定価：表示価格（本体）＋税

東信堂

大学の自己変革とオートノミー ―点検から創造へ	寺﨑昌男	二五〇〇円
大学教育の創造――歴史・システム・カリキュラム	寺﨑昌男	二五〇〇円
大学教育の可能性――教養教育・評価・実践	寺﨑昌男	二五〇〇円
大学は歴史の思想で変わる――FD・評価・私学	寺﨑昌男	二五〇〇円
大学改革 その先を読む	寺﨑昌男	二三〇〇円
大学教育の思想――学士課程教育のデザイン	絹川正吉	二八〇〇円
あたらしい教養教育をめざして――大学教育学会25年の歩み：未来への提言	大学教育学会25年史編纂委員会編	二九〇〇円
現代大学教育論――学生・授業・実施組織	山内乾史	二八〇〇円
大学における書く力考える力――認知心理学の知見をもとに	井下千以子	三二〇〇円
ティーチング・ポートフォリオ――授業改善の秘訣	土持ゲーリー法一	二〇〇〇円
IT時代の教育プロ養成戦略――日本初のeラーニング専門家養成ネット大学院の挑戦	大森不二雄編	二六〇〇円
資料で読み解く南原繁と戦後教育改革	山口周三	二八〇〇円
一年次（導入）教育の日米比較	山田礼子	二八〇〇円
大学の授業	宇佐美寛	二五〇〇円
大学授業の病理――FD批判	宇佐美寛	二五〇〇円
授業研究の病理	宇佐美寛	二五〇〇円
大学授業入門	宇佐美寛	一六〇〇円
作文の論理――〈わかる文章〉の仕組み	宇佐美寛編著	一九〇〇円
学生の学びを支援する大学教育	溝上慎一編	二四〇〇円
大学教授職とFD――アメリカと日本	有本章	三三〇〇円
立教大学〈全カリ〉のすべて（シリーズ大学改革ドキュメント・監修寺﨑昌男・絹川正吉）	全カリの記録編集委員会編	二一〇〇円
ICU〈リベラル・アーツ〉のすべて ――リベラル・アーツの再構築	絹川正吉編著	二三八一円

〒113-0023　東京都文京区向丘1-20-6
TEL 03-3818-5521　FAX 03-3818-5514　振替 00110-6-37828
Email tk203444@fsinet.or.jp　URL:http://www.toshindo-pub.com/
※定価：表示価格（本体）＋税

東信堂

大学再生への具体像 ——現代大学の新次元	潮木守一	二五〇〇円
フンボルト理念の終焉？——現代大学の新次元	潮木守一	二五〇〇円
いくさの響きを聞きながら——横須賀そしてベルリン	潮木守一	二五〇〇円
国立大学・法人化の行方——自立と格差のはざまで	天野郁夫	三六〇〇円
大学のイノベーション——経営学と企業改革から学んだこと	坂本和一	二六〇〇円
30年後を展望する中規模大学——マネジメント・学習支援・連携	市川太一	二五〇〇円
大学行政論Ⅰ	伊藤昇編	二三〇〇円
大学行政論Ⅱ	伊藤昇編	二三〇〇円
もうひとつの教養教育——職員による教育プログラムの開発	近森節子編著	二三〇〇円
政策立案の「技法」——職員による大学行政政策論集	近森節子編	二三〇〇円
大学の管理運営改革——日本の行方と諸外国の動向	川原武編著	二五〇〇円
教員養成学の誕生——弘前大学教育学部の挑戦	遠藤孝夫編著	三六〇〇円
改めて「大学制度とは何か」を問う	杉本均編著	三六〇〇円
原点に立ち返っての大学改革	福島裕敏編著	一〇〇〇円
戦後日本産業界の大学教育要求	舘昭	一〇〇〇円
現代アメリカの大学教養論——経済団体の教育言説と現代の教養論	舘昭	五四〇〇円
アメリカのコミュニティ・カレッジ——その実像と変革の軌跡	飯吉弘子著	三八〇〇円
アメリカ連邦政府による大学生経済支援政策	宇佐見忠雄	二三八一円
戦後オーストラリアの高等教育改革研究	犬塚典子	三八〇〇円
大学教育とジェンダー——ジェンダーはアメリカの大学をどう変革したか	杉本和弘	五八〇〇円
アメリカの女性大学：危機の構造	ホーン川嶋瑤子	三六〇〇円
大学改革の現在〔第1巻〕	坂本辰朗	二四〇〇円
大学評価の展開〔第2巻〕	有本章編	三二〇〇円
学士課程教育の改革〔第3巻〕	山野井敦徳編著	三二〇〇円
大学院の改革〔第4巻〕	山本眞一編著	三二〇〇円
〈講座「21世紀の大学・高等教育を考える」〉	清水一彦編著	三二〇〇円
	舘絹川正吉編著	三二〇〇円
	江原武一編著	三二〇〇円
	馬越徹編著	三二〇〇円

〒113-0023 東京都文京区向丘1-20-6 TEL 03-3818-5521 FAX 03-3818-5514 振替 00110-6-37828
Email tk203444@fsinet.or.jp URL:http://www.toshindo-pub.com/

※定価：表示価格（本体）＋税

東信堂

《未来を拓く人文・社会科学シリーズ〈全17冊・別巻1〉》

科学技術ガバナンス	城山英明編	一八〇〇円
ボトムアップな人間関係——心理・教育・福祉・環境・社会の12の現場から	サトウタツヤ編	一六〇〇円
高齢社会を生きる——老いる人/看取るシステム	清水哲郎編	一八〇〇円
家族のデザイン	小長谷有紀編	一八〇〇円
水をめぐるガバナンス——日本、アジア、中東、ヨーロッパの現場から	蔵治光一郎編	一八〇〇円
生活者がつくる市場社会	久米郁夫編	一八〇〇円
グローバル・ガバナンスの最前線——現在と過去のあいだ	遠藤乾編	二三〇〇円
資源を見る眼——現場からの分配論	佐藤仁編	二〇〇〇円
これからの教養教育——「カタ」の効用	鈴木康秀編 葛西佳穂編	二〇〇〇円
「対テロ戦争」の時代の平和構築——過去からの視点、未来への展望	黒木英充編	一八〇〇円
企業の錯誤／教育の迷走——人材育成の「失われた一〇年」	青島矢一編	一八〇〇円
日本文化の空間学	木村武史編	一八〇〇円
千年持続学の構築	桑子敏雄編	二三〇〇円
多元的共生を求めて——〈市民の社会〉をつくる	宇田川妙子編	一八〇〇円
芸術の生まれる場	木下直之編	二〇〇〇円
芸術は何を超えていくのか？	沼野充義編	一八〇〇円
文学・芸術は何のためにあるのか？	吉岡洋編 岡田暁生編	二〇〇〇円
紛争現場からの平和構築——国際刑事司法の役割と課題	石山英明編 遠藤勇治編 城田乾編	二八〇〇円

〒113-0023 東京都文京区向丘1-20-6
TEL 03-3818-5521 FAX 03-3818-5514 振替 00110-6-37828
Email tk203444@fsinet.or.jp URL:http://www.toshindo-pub.com/

※定価：表示価格（本体）＋税